客家研究文丛·龙川历史文化书系
"十二五"国家重点图书出版规划

龙川古村

LONGCHUAN GUCUN

吴良生 编著

主编 ◎ 蓝智慧 曾乐晖

·本丛书为华南理工大学客家文化研究所与河源职业技术学院客家文化学院成果

华南理工大学出版社
SOUTH CHINA UNIVERSITY OF TECHNOLOGY PRESS
·广州·

图书在版编目（CIP）数据

龙川古村 / 吴良生编著. —广州：华南理工大学出版社，2016.10
（客家研究文丛．龙川历史文化书系/蓝智慧，曾乐晖主编）
"十二五"国家重点图书出版规划
ISBN 978-7-5623-4991-4

Ⅰ.①龙… Ⅱ.①吴… Ⅲ.①村史-龙川县 Ⅳ.①K296.54

中国版本图书馆CIP数据核字(2016)第136296号

龙川古村
吴良生　编著

出 版 人：	卢家明
出版发行：	华南理工大学出版社
	（广州五山华南理工大学17号楼，邮编510640）
	http://www.scutpress.com.cn　E-mail: scutc13@scut.edu.cn
	营销部电话：020-87113487　87111048（传真）
策划编辑：	乔　丽
责任编辑：	谢茉莉
印 刷 者：	广州星河印刷有限公司
开　　本：	787mm×960mm　1/16　印张：12.5　字数：180千
版　　次：	2016年10月第1版　2016年10月第1次印刷
定　　价：	56.00元

版权所有　盗版必究　印装差错　负责调换

客家研究文丛·龙川历史文化书系

编委会

主　　任：黄添胜　　杨利华

主　　编：蓝智慧　　曾乐晖

执行主编：谭元亨

副 主 编：吴潇峰　　吴良生

编　　委：（按姓氏笔画排序）

　　　　　马建成　　王元林　　王受庆　　王洪涛

　　　　　叶细初　　叶国新　　朱光进　　刘凯华

　　　　　刘国钰　　李　斌　　巫展涛　　吴明民

　　　　　邹晋开　　张鉴林　　郑紫苑　　敖叶湘琼

　　　　　黄　跃　　黄小成　　蒋武生　　魏庆平

客家研究文丛
龙川历史文化书系

龙川

总 序

龙川，是岭南第一个立县的地方，也就是说，古老的华夏文明，尤其是制度文明，最早得以在岭南生根发芽，长成参天大树，正是有赖于龙川这块风水宝地。

因此，龙川当之无愧为岭南文化的发祥地。

同样，在土地革命时期，龙川是中央苏区的南部屏障。凭此，龙川成为中央最早确认的广东几个苏区县之一。历史再度赋予龙川伟大的使命，使其无负于两千多年前在岭南率先立县的荣光。

仅凭这两条，龙川足以在南中国擎天而立，支撑起两千多年的古代与现代的文明。

龙川还是客家古邑，佗城近200个姓氏，记载了客家人万里长旅、千年迁徙的移民历史，更证明了客家人所承载的悠久的历史文化是何等的辉煌，展示了客家人用血汗与智慧开创的古老而灿烂的农耕文明以及近代的海洋文明！

物华天宝，人杰地灵。蜿蜒而行的东江水、负有"客家圣山"美誉的霍山奇峰……龙川的美景多不胜数。龙川更是"人杰"的荟萃之地，在岁月的空间中光芒四射！如任龙川县令后又成为南越王的赵佗，一代名相吴潜，大诗人苏轼、苏辙兄弟，当然，还有在粤港大营救中曾在这里得救的柳亚子、茅盾、邹韬奋等上百位文化名人。

历数龙川的自然风光、人文历史，无不让人荡气回肠、激奋不已。

继往开来的重任也就落在了我们肩上：如何守护、发扬龙川两千多年光荣的历史文化传统？如何珍惜、保护龙川数千平方公里的自然物质文化遗产？如何让龙川在未来的岁月里熠熠闪光……我们应有所担当。

时值全民读书的盛大节日，国家力推地域文化及乡土教材，让一代又一代人更了解生我养我的土地，在历任县委、县政府的支持、重视下，我们组织编纂了这套"龙川历史文化书系"，共10册，它们是：

"三色龙川"——《古色龙川》《红色龙川》《绿色龙川》。

弘扬历史文化、激励后人奋发的《龙川名人》《龙川诗文》《龙川非遗》。

"三古龙川"——《龙川古祠》《龙川古村》《龙川古道》。

而以文学笔调导引旅人的《行走龙川》，则笔下生花，让人回味无穷。

龙川的山水画卷、人文画卷凭此徐徐打开，令龙川人为之自豪，加以认同，并且更增强使命感。

一个地方，总是凭借其深厚的历史文化传统不断地拓展其发展空间，这是一个不断传承、永无止境的伟大进程。我们不仅用文字来铭记这一进程，更用书推动这一进程，以文化论输赢，这已是颠扑不破的真理。

让我们以此共勉。

本丛书的编写和出版得到了前两任书记段邦贤、韦钦强同志的支持，在此表示感谢，并同时感谢编纂这套丛书的专家、学者们！

作者系中共龙川县委书记

2016年9月

前 言
我的古村梦

2004年春天，在河源知名的客家古村苏家围，我们组织了一批旅行社人士参与古村的旅游推广活动。活动结束后，大家来到悦来屋前的大榕树下，每个人将自己手中的许愿带抛上了那已经出了嫩绿新芽的枝头。有人问我的愿望是什么，我笑而不语。

我前后在苏家围的老屋子里住了两年，随后到赣南师范大学客家研究中心，一呆就是六年，后来又进入华南理工大学客家文化研究所攻读博士学位。这客家情缘的延伸中，古村是最基础的一个载体。

现在，我可以说出当年许的愿望了——保护和复兴客家古村！

如同我一般，对古村有着深厚情怀的人有很多，而像我这十几年来把粤、赣、闽边客家古村走得差不多的人却很少。早年甚至有时一个人乘坐乡村公交转骑摩托车再步行去到那些养在深山未被人识的古村去，然后住上几天，将自己融入这几百年的人文积聚中，收藏到我的游学资料里。

理解古村，我一直在沉淀；复兴古村，我也一直在努力。现在只要是古村要修复、开发，我均表示免费提供咨询和策划服务，事实上我也是这么做的，包括对赣县白鹭村、东源县仙坑古村、南园古村等古村落的保护和开发。

龙川是客家地区建县最早的地区，其文化之深厚，令人叹为观止，这里自然古村也很多。2004年我与龙川有过一次亲密接触后，很长的时间里没有再踏足过，直到"客家古邑"文化建设的开始。2009年始，我在龙川留下的足迹就越来越多了。承接《龙川古村》一书的任务，给我一次全面深入了解龙川古村的机会，让我的客家古村梦做得更为深入。

尽管自认为对龙川的了解会比别人多一些，但第一次看到龙川古村时，还是不停地发出赞叹。所到第一个村落是丰稔镇黄岭村，这个民间俗称"秀才多过狗"的古村所拥有并保存完好的古建筑数量惊人，而其人文精神传承也让人感叹。其后陆续考察的小参、青云、欧江、大长沙、龙池等诸村亦各有千秋，它们不但代表着龙川古村的水平，也承载着龙川作为千年古县的重要人文信息。

然而遗憾的是，龙川古村养在深闺无人知，很多龙川人自己都不太清楚，这与古村没有走上旅游轨道是有很大关系的。近两年，龙川县实施了旅游大会战，古村旅游重新提上议程。我在为龙川旅游系统人员培训中提出了龙川古村游开发的建议，获得了认同。很盼望自己能更多地参与到龙川古村的保护性开发中，让龙川古村落焕发时代的气息，走向世界。

作　者
2016年9月

目录 MULU

第一章 古村：客家人的精神家园 001
    什么样的精神在成就客家古村 005
    方圆之间，智慧在此凝结 015
    作为客家人文空间的古村：留下多少情怀 020

第二章 龙川古村：千年古邑的文化守望 025
    龙川古村的前世今生 026
    一方水土一方屋：龙川古村的建筑特点 035

第三章 青云村：青山云处有人家 041
    万琛立基，后世平步青云 044
    古村建筑，荣光耀后人 047
    古村人的故事：刘瑞村告倒贪官 055

第四章 小参村：粤赣门户、将名之家 059
    古道熙攘话小参 062

| | 小参村的老屋 | 064 |
| | "弹丸之地藏龙虎，五马归槽育将才" | 073 |

第五章 **大长沙村：聚族而居的理想地** 077
　　兴文风，教育改变命运 081
　　古建林立，碉楼保平安 085

第六章 **黄岭古村：文风起兴数百年** 099
　　"嘉庆院试惠州府，黄岭一榜五秀才" 101
　　星罗棋布的老屋 105
　　马灯风情 114

第七章 **欧江村：黄氏入粤祖居地** 117
　　古屋、古桥、古塔、古书院，隐在山村的文化点滴 123
　　离不了的宗族情 128

第八章 **山池村：深山隐居侍郎后人** 131
　　老屋苍苍，叙说数百年古村辉煌 135

风俗原味，展现客家风情　　144
　　人文荟萃：小山村的名人叙事　　146

第九章　龙池村：十金盖府之村　　149
　　"十金盖府"　　151
　　龙池古迹　　153
　　"红色"龙池　　158
　　民间传说与故事　　160

第十章　龙川古村的保护：路漫漫而修远　　165
　　龙川古村落保护现状　　168
　　系统的文化传承：龙川古村落保护路径　　170
　　龙川古村落保护：在更大文化区域下的申遗之可能　　176
　　产业兴村：龙川古村新希望　　181
　　民间力量：古村保护未来的重要参与者　　185

后　记　　186

龙 川 古 村

LONGCHUAN GUCUN

第一章　古村：客家人的精神家园

对于客家这么一个以迁徙而闻名世界的族群来说，家园情怀也许更为意义深厚。

迁徙中的客家先祖们，以各种方式在赣闽粤的崇山峻岭中为自己和后人寻找立身之处：

有带家犬者，到一地犬停而定。

有赶鸭者，遇水草丰茂之处鸭生蛋多而居。

有孤身云游者，对一方水土一见钟情，结草作记，领族人来开垦。

有宦游者，梦见此处小苗成大树，遂嘱后人落户。

……

大自然为客家人的勤劳提供了丰厚的物质回报，一个个村落不但实现了财富的积累，更沉淀了客家人的精神文脉，千古流芳！

村落是人类走向文明的一个起点。在村落里，人们除了在组织方式上构成了人类社会的基层面，还形成了较为完善的文化体系，并表现在村落建筑的风格与布局上。

对于自给自足的中国传统农耕社会而言，村落有着特别的意义。

龙川欧江村（黄志鑫／摄）

第一章　古村：客家人的精神家园

人们在这一个个相对独立的经济体中，自身的区域内的生产基本可以满足生活的需要；村落的组织架构也比较固定；在这样的经济基础和社会基础上构建的文化体系也相对封闭和顽固。

然而，中国传统村落并不都是可以如此简单分析。村落与外界的沟通交流有时比我们想象的要多，哪怕是隐藏在崇山峻岭之中的小村子也常会被发现有多元文化融合的因素，处于交通要道上的就更加如此了。

这里必须特别强调，中国传统村落至少在文化上从来不是封闭的。隋唐以来的科举制让寒门子弟有了向上层社会流动的希望，参加科举考试的书生们通常成为村落与外界交流的使者。而科举的成功者们往往在外多年担任官员后告老还乡，继而成为中央王朝文化在乡间的传播者。从这个意义来说，文化积淀浓厚的村落还有可能成为当地有文化影响力的中心，成为儒家文化在地方上的传承代表，其文化作用与地位超过当地城邑。

在现代中国，真正意义上的古村落通常就是那些当年在当地有着较

大长沙村的门楣牌字（吴良生/摄）

强文化影响力的，至今建筑保存较为完好，民俗遗存能够传承的村落。

  对于"无山不住客，无客不住山"的客家人，他们以"崇文重教、耕读传家"经营乡村，又有地理条件的保护，无论是从数量还是质量上来说均可排在全国前列。粤北、粤东、赣南、闽西客家大本营地区的古村落通常以围屋、围龙屋、土楼的形式出现，数以万计。保存完整的有赣南白鹭村、关西围，福建连城培田村、永定初溪、洪坑、湖坑、高北，梅州桥溪村、侨乡村，河源林寨村、苏家围、黄岭村，韶关满堂围，等等。每一个村落均设有学堂或私塾，期间走出的文化名士如静空繁星。

  村落，客家传统文化最重要的传承地，到今天恐怕也还是如此。尽管村落人口与文化流失严重，但客家人的根依然在乡村，因为村落是他们在心灵上永远也离不开的故土。

  村落是地域文化的集中展示，客家村落从其建筑理念、人文空间乃至装修细部都在处处彰显着客家文化的内涵。了解客家，理应从客家古村开始！

第一章 古村：客家人的精神家园

 **什么样的精神在成就客家古村**

有人说，客家古村建筑是中原文化的传承。

也有人说，客家古村建筑是在南方山水中自然发展的聚落形态。

其实，这世界并不存在所谓单一的文化体，客家文化也是如此——中原文化与当地土著居民的文化融合的多元文化体系。

而客家古村与建筑，应是客家先民吸取了中原文化、本土文化及周边相邻文化的元素，形成了自己的特点。可以说，客家古村与建筑是客家多元一体的文化最直观的表现。

风水观：客家人生存与发展的手段与文化表达

如果说风水是客家文化中的特色部分，不少人会提出质疑。

可事实确实如此，先有唐代风水祖师杨筠松在客家地区实践原本只在中原上流社会普及的风水术，赣闽粤边复杂的地形地貌成为其最好的实验场，后又带徒传法，在客家地区创立了风水最大的派别——形势派。

宋代风水大师赖布衣，是定南县客家人。

明代兴国县三僚村风水名师辈出，有数十人参与了十三陵和故宫建筑的风水堪定，并被封为国师！

而赖布衣和三僚村的国师们背后更有一个庞大的客家民间风水师群体，他们活跃在山间乡里，指导着几乎每一个村落的建筑选址与建设。

风水并不是那么神秘的东西，它又称堪舆、地理、乌青术等，是中国传统社会用于选择居住环境的经验积累，后发展了阴宅风水，越来越成为中国人普遍的信仰之一。

学者何晓昕认为："纵观中国传统建筑，无不附会风水之传说；横贯现代中国乡村，比比皆见风水之残痕。显然，在中国建筑史上，风水曾扮演过重要而特殊的角色，尤其在农舍民宅中，更是存而不显地起着思想指导与精神支柱的作用。同时也深深地刻印在人们的心头。"

近些年来，风水研究兴起，有人把风水当作是建筑科学、环境科学，也有人坚持认为风水是迷信，而客家学者罗勇教授认为"风水不是科学，也不是迷信，而是中国人生活居住经验的积累"。

是的，风水的最大意义在于它是中国人的生活经验的积累，如房子坐北朝南，其实是人们发现处于北半球的中国民居这样的朝向通风采光更为有利，这种经验的积累形成了一套选址与建筑的知识体系，传统时代好的风水师正是掌握了这一知识体系的人。

只是风水是风水师赖以生存的饭碗，本来中国风水就留有远古巫术、占卜的影子，一直又存在一个神化的过程，特别是宋代以来阴宅风水在民间的发展，风水越来越玄化，成为职业风水师的"术"。

不管如何，风水经过千百年来的发展，已经成为相当一部分中国人心中不解的情结，风水在民间强大的心理暗示功能使得人民对其深信不疑，从而渗透到生产生活的方方面面。

客家地区是中国民间风水的发源地之一，早在唐末就有在朝廷任掌灵台地理事的杨筠松在黄巢破京城后隐于赣南山区，领徒传授风水之术。正值客家先民开发山区之需，指导人们在山区立足生存的形势派风水形成并成为中国风水的最大派别。可以说，客家地区成了风水特别是形势派风水的实践地，另一方面，风水观念也因而深入客家人的心中，指导着客家人的生产生活。

客家人笃信风水，从立基选址开始就有风水观念的指导。因而在

第一章　古村：客家人的精神家园

前水后山的客家传统建筑格局——黄岭古村（颜朝兴／摄）

众多的客家族谱中，我们常能发现各村各宗族开基祖"云游至此，好其山水，遂开基立村"之说。风水观念下的村落选址，并非仅适合建房这么简单，更重要的是周边要有好的资源，如土地、山林、石和矿等，还要有相对安全的环境，如自然生态的稳定、灾害的规避，又如相对封闭，利于避乱于世、世代传承。一般来说，客家村落选址风水就是找龙脉、观水口，结果就是绕过山口，一望山谷中小盆地，左右山脉环抱，中间有水绕村而过，这就是好风水的客家古村。

　　风水观念还决定屋子的大小格局乃至样式。因此，传统客家村落与建筑各处细节颇多风水讲究。从样式上而言，虎形围、蟹形围、牛角围等均是风水观念在起作用，甚至是圆或是方也有风水的影响。大门的朝向、大小，房间的大小，各门窗的尺寸也由风水师来确定。最绝妙莫过于风水理念下的地下排水系统，天井连着地下排水沟渠，讲究的是"不直出、不横出、不后出、不多端出、不穿厅过房"。因而排水沟均弯弯暗泄，通向门外风水池塘或河溪，再大的雨也很难形成内涝。

从周边环境整体而言，讲究前朱雀、后玄武，即前有风水池塘，后有后龙山（也叫风水林）。风水池塘起到排涝、消防、清洁、养鱼、调节气候等作用，而后龙山则是固土，以防止水土流失和山体滑坡，改善生态环境之用。在20世纪"大跃进"时期，为大炼钢铁，多少森林都被毁于一旦，而独有客家地区众多风水林仍存，护佑着客家人。

总之，风水观念体现了客家人对天人关系的认知，也体现了他们的生态观念和一些重要的文化意向，没有了风水，客家古村的特色与文化内涵将严重缺失。

宗族观：客家古村建筑的布局决定者

很难有哪个族群的人像客家人一般将各自小家庭的房子如此紧密地建在一起，而这中心就是祠堂！

现在所看到的客家传统社会是个宗族社会，客家地区的宗族化过程与古村落的形成和围屋等高大建筑的发展几乎是同步的。

黄岭古村泮头叶氏宗祠（颜朝兴/摄）

第一章 古村：客家人的精神家园

自罗香林以来，学术界就有客家先民南迁的"两晋说""秦汉说""唐宋说"等观点。然而，学术界较为一致认同的是，客家地区的宗族化开始应是明代。我们同样可以观察到的是，以祠堂为核心的村落建筑，包括围屋、土楼、围龙屋和围村等建筑也基本上是明代以后才出现的。随着宗族化的深入，我们现在所认知的"客家建筑"也逐渐普遍起来，成为传统客家村落的常态民居。

明代正德年间对于客家地区，特别是山区的宗族化是一个分水岭，在此之前，宗族化并不是一个普及的现象，而在此之后，宗族化成了客家乡村社会的趋势，并最后成为固定的人文景象。这缘于正德年间赣南、粤东、闽西、湘南等地爆发的畲汉农民起义。明朝正德七年（1512年），赣州畲族钟聪等人首先在闽、粤、赣三省交界处的大帽山举行起义。明正德十三年（1518年），江西赣州谢志珊、蓝天凤以"盘王子孙"的名义领导畲民起义，周边其他地区的民间力量纷纷响应。明朝政府设立了南赣巡抚来平息叛乱，都御史、南赣巡抚王阳明平定"浰头贼"，并奏请设立和平县。此后，官府推行畲族汉化政策和"十家牌"法，并兴文教、办学院，掀起了客家地区宗族化的浪潮。

宗族构建的表现有几种：一是宗族组织的建立，有了族长、长老等成员负责宗族事务的管理，地方士绅把控了宗族的势力。二是祠堂的设立，客家地区建造了大量精美的祠堂，作为村落的核心建筑，成了宗族处理事务，举办祭祖、红白喜事和其他民俗活动的场所。三是族谱的编修。官府平乱后，不少畲人、"流民"从此固定居住下来，为了附和中央王朝统治下的宗族化，他们对自己的祖先源流、世系表谱进行了编撰，多称自己从中原来，经赣闽入粤，定居于此。从此，畲族逐渐淡出了历史的视野，在客家地区已经很难找到保存完好的畲族文化的村落了。四是兴文教、科举。这一地区的居民成为朝廷的编户齐民后，客家地区的宗族获得了科举权，地方宗族从此热衷于办学堂或私塾，鼓励自己的学子参加科举考试，为的是光宗耀祖和强大宗族的

青云村的吊灯（吴良生/摄）

势力。

　　这样，一个个村落在族谱化之后固定下来，建成以祠堂为中心，兼有各家居室、学堂或私塾、小庙等一体的建筑或建筑群。随着宗族的发展，特别是经济的积累，村落或围屋越建越大，形成了小盆地宗族聚居的格局。

　　宗族观念在现存的古村与建筑中也常有体现。客家人的祠堂一般建得很壮观、精美，是宗族文化的集中体现。对于客家人而言，祠堂就是一个永恒的建筑，其中有祖先的荫庇，有崇文重教的鼓励，也有前辈荣誉的昭示，因而族人们无不以勤、以学、以进为荣，以懒、以愚、以退为耻，多少客家宗族的光荣与辉煌就此铸造。

　　中国人尊祖思远在祠堂得到了最大的体现。祠堂的大门上有牌匾，或是堂号，或是以祖先官名、功名命名的楼第名称，或是祖先遗留下来的文化追求。堂内柱子上有堂联，书写的是先祖源流及宗族文化信仰等。上厅正中摆放着祖先的神像或灵牌。每逢重要的日子，族

第一章 古村：客家人的精神家园

人便聚集在一起，上香祭祖，以求先人保佑宗族兴旺发达。

不得不提到的是，客家人的祖先观念中"不孝有三，无后为大"极为突出，在农耕社会中，繁衍人口成为宗族发展的第一要务，故在祠堂中彰显的生育文化亦是随处可见。在祠堂的木雕、砖雕、泥塑、陶塑等装饰画面中，石榴等寓意多子的象征物几乎是必不可少，而族中添丁之礼更是让人震撼。粤东客家地区历来重视添丁习俗，生了男孩的人家在来年的正月十三在祠堂举行添丁仪式，邀请族人及亲朋好友参加，祭祖仪式后在祠堂升起一个大灯笼，暖灯后将男婴的名字记入族谱，然后在祠堂大摆宴席，祠堂外添丁炮此起彼伏。添丁礼加上准备和后续时间跨度超过一周，显示出对添男丁的极端重视。

防御：是保护还是保守？

客家村落内部宗族内相对和睦，夜不闭户、路不拾遗的村子特别多。但在传统时代，客家村落的外部环境总体是比较险恶的。赣闽粤客家地区明清以来的有关于流民的记载不断，不堪重负的百姓经常脱离户籍成为流民，有些形成了武装力量，其中不乏占山为王、抢掠地方百姓者，导致不少地方兵匪横行。为了保宗族平安，财物不受损失，客家地区的村落建筑多注重防御，形成强烈的防御观念。高大的土楼、四角楼、八角楼、碉楼层出不穷，围墙越建越厚，有的建筑有多层防御体系，堪比政府所修的军事设施。

防御从选址便开始了，通常注重防御的建筑置于田中心，视野较为开阔，因而不少围屋也称为"田心围"。有的客家建筑还建有护城（围）河，增加进攻的难度。在建造时，石基和墙的下部分就地取材，使用当地的花岗岩或大河石，有的砌有一米多厚，薄的也有五十厘米以上。不少客家古村建筑大门有三层，要打开每一层大门都不容易。一层的对外的窗开得很小，有的只有枪眼，有的一层甚至根本不开窗户。二层上有的围屋、土楼能四周通行，便于战时人员物资的来往，并设有瞭望窗口与枪眼，枪眼多是小圆形和葫芦形，外小里大，

龙川碉楼（吴良生/摄）

视野较好，非常利于对外射击。有的围屋顶上还有毒钉、天网等，以防敌人从房顶爬进来。客家防御类建筑内设施较为齐备，平时有粮食储备，还有水井，在里面住上几个月甚至一年都没有问题。

客家地区的宗族传承，至少是人员财物的安全，多依赖围屋等防御建筑。这些建筑在后来的革命战争年代成为红军、游击队和当地民兵抵御敌人进攻的有力武器，有些围屋立下了赫赫战功。如韶关仁化双峰寨是座典型的客家围，大革命失败后，农民自卫军第八独立团第四营于1928年带领群众700多人退守于此。后遭到国民党三个团，伙同当地反动民团的进攻。守寨军民一次又一次地粉碎了敌人的火攻、炮击、空中轰炸等阴谋。在被包围期间，全体军民同仇敌忾，浴血奋战达9个月之久，最终因弹尽粮绝，缺水缺药，被迫突围，有30

第一章 古村：客家人的精神家园

多人安全突出。又有江西安远县尊三围，该围是当时的乡苏维埃政府驻地。1933年7月初，国民党军陈济棠部对安远一带的苏维埃政权进行围剿，以为尊三围内驻着红军主力，于是用两个团的兵力，实施重重包围。当时围内只有赤卫队员六七十人，居民百余人，他们依托坚固的围屋，用少量步枪和土枪土炮进行顽强抵抗达44天之久。国民党军在机枪大炮久攻不克的情况下，又派来飞机助战，也未能奏效。后国民党军收集四乡稻草浸湿后，捆成大草垛，滚推前进才接近并攻入围屋。围破之日，恼羞成怒的国民党军官兵将围屋夷为平地，围内除一个小孩从狗洞里逃生外，其余男女老少，全被虐杀。现在安远县镇岗乡尊三围遗址处还留有一片断壁残垣，仿佛向人们诉说着那悲惨的一幕。

广东龙川县18壮士在碉楼中据守直至葬身火海的故事也非常感人。1932年，蒋介石对中央苏区开始第四次军事"围剿"。广东军阀陈济棠为配合蒋介石的军事行动，派出一个主力团，会同

龙川上坪镇茶活村遗址

龙川、兴宁、五华、平远、寻乌、定南、和平等7县军警武装5000多名，配备重机枪和大炮，对龙川上坪镇茶活村的红色力量进行围剿。18名游击队员和赤卫队员为了掩护其他人员撤退，在村中的碉楼中坚守了三天三夜，最后敌方用火攻，18人无一投降，全部葬身火海。

在这和平年代，越来越多的客家人走出了围屋，走向世界。也有人说客家人有一种围屋心态——保守，可客家人闯世界的精神却又成了当代客家精神的内核之一。

第一章　古村：客家人的精神家园

方圆之间，智慧在此凝结

　　客家古村多为单姓村，由一座或多座围建筑组成。这里所说的"围"是个广义的概念，包含福建土楼、粤东围龙屋、赣南和东江流域的围屋（四角楼、八角楼）、惠河地区的府第式、碉楼还有村围等建筑形态。

　　土楼主要分布在福建西南部和广东东部，以福建的永定和南靖两县居多。土楼形状有方、圆两种，在崇山峻岭中顺然安居，显示出古人天圆地方的天人合一之生态观念。一般人认为土楼以圆楼为主，其实不然，方楼占了土楼的大部分，在永定有载的2万座土楼中，圆

龙川四角楼（黄岭村）（颜朝兴／摄）

楼仅有700多座。学者们认为，宋元时期土楼便产生了，在明清时期土楼的建设达到了高峰，与围楼不一样的是，土楼更是一种常态化的建筑，因此在现代仍有土楼在建，如建于1979年的下洋初溪的善庆楼。土楼一般利用未经焙烧的按一定比例的沙质黏土和黏质沙土拌合而成的泥土，以夹墙板夯筑而成墙体（少数以土坯砖砌墙），柱梁等构架则全部采用木料。土楼一般建造在梯田中间，周边生态环境良好，方方圆圆体现的是古人对"天人合一"的理解，尤其是圆楼具备审美特征。1986年日本东京艺术大学教授茂木计一郎带领10多人的考察组来到福建考察，回国后在其报告中写道："在布满梯田的谷间，圆土墙的建筑物，星星点点地散布在群山之间。如同自天而降的黑色飞碟一样，环形屋顶漂浮荡漾在烟雾之中。"土楼于20世纪冷战时被美国误以为是核反应堆而出名，之后又通过民居邮票系列的"福建民居"而传播开来，"福建土楼"于2008年7月被列为世界文化遗产，成为客家文化在全球的代表建筑。

龙川围龙屋（吴良生／摄）

第一章 古村：客家人的精神家园

　　客家围屋一般指方形的四角有碉楼的建筑，主要分布在赣州、河源、惠州、深圳一线以及粤北韶关和清远一部分地区。典型代表是龙南围屋、和平林寨围屋群、始兴满堂客家大围和深圳的大万世居等。围屋多是砖石建造，以沙石拌上石灰、黄土等作为粘料并粉外墙。建好一座完整的围龙屋往往需要5年或10年，有的甚至更长时间。一间围屋就是一座客家人的巨大堡垒。围屋中间一般为祠堂，周边为卧室、厨房、大小厅堂及水井、猪圈、鸡窝、厕所、仓库等生活设施，形成一个自给自足、自得其乐的社会小群体。围屋形制高大，防御体系严密，在动乱的年代为保存宗族人身财产立下大功。

　　围龙屋呈半圆形，如同马蹄，但如加上风水池塘，整体上则为椭圆或圆形。主要分布在梅州、河源东部、赣州南部，福建西南、珠江三角洲地区也有少量分布。围龙屋多建在丘陵地带或斜坡地段，大多地处偏远。普通的围龙屋占地8～10亩，大围龙屋的面积在30亩以上，不论大小，主体结构为"一进三厅两厢一围"。大门前必有一块

禾坪和一个半月形池塘。大门之内，分上中下三个大厅，左右分两厢或四厢，俗称横屋，一直向后延伸，在左右横屋的尽头，筑起围墙形的房屋，把正屋包围起来。正中一间为"龙厅"，故名"围龙"屋。小围龙屋一般只有一至两条围龙，大型围龙屋则有四条、五条甚至六条围龙，在兴宁花螺墩罗屋就有一座六围的围龙屋。与围屋一样，围龙屋居住形制全面，适合几十人、一百多人或数百人同居一屋，讲究的还设有书房和练武厅，令人叹为观止。

围屋、围龙屋和土楼特色明显，并已经成为客家建筑的代表，但客家民居的主流却是被称为"三堂式"的民居，它们是客家民居的基本类型，而"九井十八厅"则是其中的最高层次。

"三堂式"民居没有统一的俗称，粤东多称"府第式"，闽西称"大屋"或"五凤楼"，赣南多称"厅屋"。"三堂式"民居是由一个个"厅"、一栋栋"屋"和一间间"房"组合起来的建筑群。在这种民居形式之中，"九井十八厅"是最高境界。这种为客家人津津乐道并引以为荣的大房子，在各地的称谓有所不同，如在闽西、粤东多叫"九厅十八井"，表示有九个厅堂十八个天井，也泛指屋数众多。

青云村世荣第采用了广府建筑的镬耳山墙（吴良生／摄）

但在梅州南口一带叫"十厅九井",在赣南则多叫"九井十八厅""九栋十八厅"。客家不少古村落,如南康市凤岗镇大塘村董屋、福建连城的培田村、广东南雄县新田村、新丰县儒林第等均属此类。

客家民居从最简单的四扇三间房,逐步发展到两堂两横、三堂四横直至九井十八厅大房屋,无不体现其成组向前、向左、向右不断扩展延伸的特点。一般来说,不管房屋发展到多大规模,始终是以正厅为中轴,以祖堂为核心,向前逐步延伸,向左右对称发展。正屋、正厅的体量规模、装饰档次,各横屋和次厅均不能逾越,横屋房门均朝正厅方向开。这种建筑核心观反映了客家人强烈的凝聚力和向心力,也体现了客家人因远离中原故土而怀"慎终追远"心态。同时,这种拓展性又反映了客家人希望子孙发达、开拓进取、不断上进的心愿。

当然,客家地区古村建筑的种类并不止于此,不同的学者也有不同的分类。各类客家建筑间交叉融合,并吸收徽派、广府、福佬等相邻建筑的优点与元素,形成了现在的客家古村建筑风格与特点。

作为客家人文空间的古村：留下多少情怀

　　赣闽粤边地区的古村及其建筑是客家文化最集中的载体，村落建筑空间本身就是客家文化的表现，而在空间内活动的客家人也在此传承着客家文化的点点滴滴。

　　最能彰显村落文化的是以祠堂为中心的宗族活动，包括宗族祭祀、庆典、大型事务的议决等。

　　客家人素有崇先报祖的思想，祖先崇拜甚至高于对其他神灵的崇拜。如前所述的祭祖，于每年的开基祖生日、大年初一或其他重要节日在祠堂举行。仪式一般由族长主持，具有较高地位的长老级人物也会上来念祭文，之后大家向祖先行礼上香。除此之外，扫墓、拜山（粤东河源、梅州客家人拜山时间多不在清明，而在八月至冬至或年前后，各宗族的时间不一）的日子有的也会在祠堂举行仪式，并举行家宴。

　　因为科举是客家人在传统社会中出头的最大通道，宗族对教育的重视程度也摆到非常高的位置。不少古村中有私塾学堂，有的没有专门的学校建筑就把祠堂或祠堂边的屋子当成宗族子弟教学的场所。而祠堂的前面，则是为中了科举的族人树立的旗杆石，成为人文兴盛的村落不可或缺的部分。而这些又深深影响着客家人的生活方式，最终形成耕读传家的传承。耕是为了生存，读是为了更大发展，晴耕雨读，不误农时不误学。这种生活方式至今仍存于客家人的意识最深处，虽然早已经走出围屋，可耕读传家的宝训不丢。

第一章 古村：客家人的精神家园

除了祖先崇拜外，客家人信奉多种神灵，一个村落通常有多个神。例如，伯公（社官），还有龙川比较普遍的华光大帝，因此小庙也成了完整村落的重要组成。围绕小庙开展的宗教活动也常成为村中一年最热闹的活动之一，主要就是各神灵生日之时的"抬菩萨""抬神"游村的仪式。这种仪式通常持续7天，多的甚至49天。神灵是村落除祠堂外的另一个精神中心，在是非判断和求愿等方面神灵的作用通常要大于祖先。神要求不能做什么，不能对神灵做什么这些规范性的行为成为客家人代代相传的文化内容，也深刻影响着他们的言行举止。

围屋宴席准备中（龙川上坪）（星海／摄）

神灵对村落民众的影响一个非常重要的途径就是民俗。民俗是村落空间最彰显文化特色的内容。比较普遍的中国汉族节日中的春节（含元宵）、清明节、端午节、中元节、中秋节等村民都会到庙中祭拜，平时的初一、十五也有小祭。有些村落一年中最重要的节日反而不一定是春节，而是与神灵相关的日子。生产劳动中也有与神灵密切相关的习俗。

小参村社观庙（黄志鑫/摄）

民以食为天，村落饮食空间也是值得关注的文化事项。客家围的厨房一般设在一楼，分散在各家中，也显示了宗族内部基本经济运作的还是小家庭。客家人平时就餐也多在厨房，来了客人的话家中的男人陪客人在桌上吃，女性则留在厨房灶边吃；不少人，特别是小孩则喜欢在祠堂门口吃，在冬天有暖阳时尤其如此，大家还经常互换碗中的菜。有红白喜事时，祠堂就成了聚餐的场所，人多桌子摆不下时都摆出到门外的晒谷坪。

由于过去医疗条件十分有限，客家地区的女性生孩子都在家里生，村落围屋也就成为客家人一出生就有的记忆。孩子们的童年也多在村中围里转，爬角楼、碉楼捉迷藏成为最常见的游戏项目。

有人说客家人住围式建筑久了有一种围屋心态，即固步自封，相对保守。可能有些道理，但这也是客家人守望文化、守望追求的原点。带着围屋古老的梦想，客家人在近代以来的中国及世界所到之处坚守文化信念，英杰辈出，举世瞩目！

龙　川　古　村

LONGCHUAN GUCUN

第二章

龙川古村：千年古邑的文化守望

龙川古村的前世今生

人类文明的足迹总是比我们想象的要久远，其程度也经常超乎我们的估计。如果先抛开"中原文明中心说"的羁绊，我们会惊奇地发现，龙川的文明史已经有2000多年，龙川的人居聚落的形成也早于建县的公元前214年。

自20世纪50年代以来，龙川就发现了不少新石器时代的遗址，如加上原属龙川管辖的和平县的遗址，占据了东江流域古人类遗址的80%以上，可谓是东江人类活动的源头区。较大的遗址有荷树排遗址，这是一个从新石器时代晚期到春秋时期的大型人类活动遗址，整个遗址既有生活居室遗迹，又有墓葬群，占地面积5000多平方米。出土文物种类丰富，数量众多。出土文物有陶器、石器和玉器、生活器

龙川出土的青铜斧（吴良生／摄）

第二章 龙川古村：千年古邑的文化守望

皿、生产工具、装饰品、兵器，一应俱全。特别是出土的镞、矛、环、纺轮等磨制石器，制作精良，数量也相当多。这些都证明，当时广东地区的文化经济达到较高水平。

先秦时期，住在龙川的主要是南越人，在坑子仔遗址里有其文化表现。该遗址位于龙川县佗城镇西南坑子里山，年代为商时期，于1956年发现，其后多次复查。文化层厚0.6米。出土较多陶器和石器。陶器有折肩凹底罐、浅盘细把豆、杯、圈足鸡形壶、纺轮等，纹饰以方格纹为主，还有曲折纹、双线方格纹等。石器有梯形锛、肩锛、镞、戈、环等。据考察，部分遗物似为墓葬所出。

在龙川发现的先秦人类活动遗址表明，在新石器时代至战国时期，东江上游已经形成了一些人类聚落。按同时期的人类居住状况推想，当时龙川居民也经历了"洞居""巢居"再到搭建木草屋的过程。

周朝龙川的居民是南越人，他们的文明在春秋战国已经达到较高程度。受楚国的影响，少数南越人已经开始使用青铜器。

赵佗征服南越后，北方六国遗民部分被遣送到岭南，加上驻守的秦朝军队后来也参与农业生产，中原先进的农耕技术大规模地传入岭南。可推测，部分六国遗民和秦军在秦亡后留在了龙川，形成了一些中原人的聚落，而也有部分南越人接受了中原的生产生活方式，开始建立农耕村落。此后，两股势力共同开发龙川，民族融合逐渐深入。从出土的两汉时期文物来看，中原文化已经对龙川产生了较大的影响，除了农耕技术与铁器外，中原建筑的样式也传入了龙川。例如，龙川佗城东汉墓中出土的陶屋就是既有中原风格，也有岭南特征，特别是下一层不用于住人而用于关牲畜和家禽，这是为了适应岭南地表潮湿而形成的建筑风格，与之前南越人的干栏式建筑有莫大的关系。这种建筑对日后的本土建筑也产生了影响，如果将下一层忽略仅留上层，与后来龙川县流行的"杠屋"比较接近。

两晋"八王之乱"和"五胡乱华"，北方陷入长年的战乱，中原汉民大举南迁，多在长江中下游定居下来，有少部分也迁到了赣闽粤

河源畲族的招兵节仪式（张贤亮／摄）

山区。这些移民的到来，加速了龙川的开发与民族的融合。此时，龙川形成了一批具有鲜明中原农耕特征的村落，民居建筑也有了较大发展。

隋末唐初，占据粤东地区的势力是以杨世略为首的俚人（南越人后裔）。杨世略后来归降了唐朝，被封为循州总管。此后，龙川俚人按唐朝的规制接受了中原文化，逐渐与汉族融合在一起。唐代的龙川，其文化发展也渐入佳境，韦昌明就是代表人物。尽管因为缺乏史料，龙川的村落在唐代发展情况尚未清晰，但可以想象，沐浴着中原文化的龙川，至少在县城周边已经有一些农耕发达的成熟村落。

唐末"安史之乱"和"黄巢起义"形成了又一轮的中原汉民南迁浪潮。尤其是黄巢起义军采用流动作战，南下广州后又折回中原，原已经迁到长江中下游和赣闽粤相对平坦、交通较好的地域的中原移民被迫往山区迁徙。地处赣闽粤山区腹地的龙川自然也成了接纳这批移民的重要目的地。与此同时，隋唐时进入粤东地区的畲族人（文献上

第二章 龙川古村：千年古邑的文化守望

也称"瑶""畲瑶"，因为畲族和瑶族同一族源）也在龙川的山区定居下来，他们聚落形态比较原始，生活亦是"刀耕火种"，基本不与外界沟通。

北宋灭亡，中原汉民再次南迁，此次有大量的移民进入赣闽粤山区。唐宋的移民与当地少数民族发生了持久的融合，共同开发山区。此时，龙川的经济社会文化发展水平在粤东已经处于一个领先的地位。

在民族融合不断深入、山区开发如火如荼地进行过程中，赣南、闽西、粤东三地也在加强着联系，逐渐成为一个经济文化整体。这其中，一种人类生存的必需品起到了非常重要的作用，那就是盐。宋以后，盐成为国家专卖产品，赣南人只能吃不好吃但又贵的淮盐，于是组织人到广东私贩海盐。贩盐队伍逐渐发展壮大，人数多达数万人，并配有武装与沿路兵匪抗争，被官府称为"汀赣贼"，曾围攻过循州、河源、惠州等多个城池。这些人活动在赣闽粤边地区，进一步活跃了三地之沟通，使其物品、人员、文化之交流空前繁荣，也促使了赣南闽西人向粤东的规模迁徙。此时的龙川，村落遍布，大一些的山间盆地基本被开发出来，形成了村庄。现在所说的龙川"七山一水

龙川贝岭的运盐小道（颜朝兴／摄）

一分田,还有一分是道路和庄园"的人文地理格局大体在南宋末年已经成型。

南宋末年龙川村落中已经有一些较大的宗族,在元兵大举入侵后,文天祥进入粤东领导百姓抗元,不少村子全族青年跟随其参加抗元斗争。失败以后,不少村落遭到了灭顶之灾。

明朝建立后,中央王朝的统治逐渐推进,各项制度在县以下的执行较之前更为深入,元代末年因战乱而成为流民的百姓被招徕回来开垦失荒的土地,进而成为向政府纳粮纳税、服兵役瑶役的编户齐民,岭南进入了一个社会重构的时期。在这样一个大背景下,龙川的村落也进入了宗族化的过程,特别是明正德年间之后,龙川的村落宗族化速度加快,形成了我们现在所看到的宗族普遍化的景象。

明正德年间,湘南、赣南、闽西、粤北和粤东地区爆发了持久的动乱,1512年先有畲族人钟聪、张番瓃、李四仔等领导闽、粤、赣三省交界的上杭、寻乌、龙川一带畲、汉两族人民在大帽山起义,起义军连陷建宁、宁化、万安等县。1516年以谢志山、蓝天凤为首的畲、汉族人民在江西赣州西部起义歼灭大批官军,杀死贪官污吏,没收地主夺去的土地,甚得民心。畲、汉两族人民纷纷加入起义军,达数万人,再有池仲容占浰头(现和平县浰源一带)也称王,被官府称为"浰头贼"。都御史、南赣巡抚王阳明陆续平定了这几处叛乱,在平"浰头贼"后,奏请划龙川、河源各一部设立了和平县。这一过程对龙川之后的历史产生了深远的影响,最尤者应是宗族普及化,而这又直接影响了我们现在看到的龙川的古村和里面的古建筑及其文化。

明正德年间之后一直到清代中期,龙川山区也时有动乱,但整个地区相对稳定。官府推行十家牌法,用宗族规制来指导当地百姓重建宗族,以科举文教引导文风复兴。之后的一两百年内,龙川完成了宗族化的过程,各村落也基本稳定下来,延续至今。

在我们重点调查的龙川十几个古村落中,基本是明代以后迁徙过来的。据罗勇教授对龙川98个姓氏进行的统计结果,有北宋迁入的3

第二章 龙川古村：千年古邑的文化守望

姓，宋末元初或元末明初迁入的20姓，明代迁入的64姓，清代迁入的11姓。

这也说明宋以后，特别是明代以来龙川的地方社会是进行了较大重构的，从族谱上分析，人口来源基本上是从江西（特别是赣南）或闽西和梅州迁过来的。但这并不完全准确，因为在编修族谱的过程中，一是有些少数民族特别是畲族被强制去除本族族性，融入汉族，他们多有改变姓氏，并参考本地其他宗族的源流样本编撰了一套类似的中原迁徙历史；二是另有一部分流民已经无法确定自己祖先的历史，也同样参考其他宗族进行了族谱的编修，从而形成了大家均从中原南迁而来的客家源流人文景象。这一景象直接在村落文化中体现出来，至今仍深远地影响着龙川客家人。

宗族化完成之后的村落进行的就是宗族强化式发展，首先是山区开发、资源利用深深影响着这一过程。由于县城周边较为平坦的地区和丘陵已经被先来者开发了，更多的宗族只能选择于山间盆地甚至在一些小山坳沿山坡开发梯田，这在龙川县的北部和南部山区尤为普

龙川李氏祠堂（颜朝兴／摄）

遍。所以我们今天看到的山区古村落多是小盆地聚族而居或建于梯田之上。村落的生计模式基本还是农耕，有部分山区则是开发林木资源和香菇、竹编、石灰等山地土产，每年以微薄的收入积蓄着。因此大部分的村落建筑都经过了十几年、几十年甚至上百年的建设过程，建设劳力也基本是宗族内部成员，材料也绝大多数就地取材，可见农业社会农村建设之艰难。

然而，要使宗族兴旺发达，单纯的农耕方式是很难实现的，特别对于龙川这样一个山区县。因此，读书走科举的路就成了龙川县宗族发展最看重的模式，兴文重教也就有了最大的动力，耕田读书成为村落百姓选择的普遍生活方式。其中较具代表性的宗族村落就是黄岭村。黄岭村叶氏宗族自明清以来，中秀才者上百人，最卓著者为清嘉庆七年（1802年）壬午科进士及第的叶铭熙，他们在科举上的成功及其后来为官的经历，为叶氏宗族的发展奠定了深厚的经济、社会和文化基础，今天黄岭村留下的20多座雄伟的围屋建筑多是他们读书求发展的成功印证，而他们为后人留下的文化遗产更成为今天黄岭人宝贵的精神财富。正是源自科举对宗族的巨大回报，各宗族将族田、族产的收入大多投向了教育，于是，几乎每个村落都有私塾、学堂，在明清的龙川成为人文佳景，也极大地丰富了这个有着2000多年历史的文化古县的文化内涵，使"客家古邑、人文龙川"这句今天朗朗上口的文化品牌有了坚实的历史文化基础。

古人云"万般皆下品，唯有读书高"，在传承社会中，相比读书而言，经商是很没有地位的事，但商业对于宗族村落的发展却同样意义深远。因有东江之便利，古代龙川的水运相对兴盛。珠江三角洲的货物顺东江上至老隆后东往兴宁，连接韩江流域，直上闽西上杭、长汀，通过"闽粤通衢"进入江西；另有经贝岭、上坪进入赣南。成为赣南、闽西和粤东客家地区的交通枢纽之一。明清时期不少龙川人利用便利的交通进行经商活动，龙川山区的墟场也活跃起来，山区的经贸加速了财富的流通，掌握着交通、墟场贸易的宗族在此中获利众

第二章 龙川古村：千年古邑的文化守望

龙川龙池古村的学堂遗址（黄志鑫/摄）

多。有了商业利润作为底子，一些规模大、装饰精美豪华的古村建筑方为可能，修桥铺路的善银也有了更多的筹集渠道。

现在的龙川各村落中多数都保留有民国以前所建的围屋、祠堂等建筑，不少还有较为丰富的民俗文化，那么，如何界定哪些是古村落呢？广东省古村落的工作是由广东省文联、广东省民间文艺家协会牵头开展的，所提出的广东省古村落认定的标准是：在广东范围内，清代以前形成的，现存历史文化实物和非物质文化遗产比较丰富和集中，能较完整地反映某一历史时期的传统风貌、地方特色、民俗风情，具有较高的历史、文化、艺术和科学价值的村落。2007年6月，广东在全国率先正式启动"广东省古村落"普查、认定工作，至今

已经认定了3批共113个古村落。其中龙川有小参村、青云村、大长沙村、黄岭村、欧江村等5个村落入选，占河源市入选村落总数的四分之一。

据龙川文化部门的调查，龙川县人民政府发出通知，认定龙川县不可移动文物300处，其中围屋、祠堂等与古村相关的建筑占了近一半。各村落还有众多的非物质文化遗产，如客家山歌已进入国家级非遗名单，手擎木偶戏、船灯舞、马灯舞等一批客家传统艺术已列入或即将列入省、市级非遗名单。从文物与非物质文化遗产的调查情况看，龙川县境内符合古村落条件的数量应不止5个。本书选择了入选广东省古村落的5个古村和1个龙池村作为典型表述。而佗城因长期作为龙川府县所在地，将不列为古村系列。

龙川县古村落的分布呈现北部和南部山区多、中间较少的格局，这与县中部交通相对便利、改革开放后建设速度较快有关。

第二章　龙川古村：千年古邑的文化守望

一方水土一方屋：龙川古村的建筑特点

龙川的古村均是典型的客家建筑，由于其地处客家大本营与珠三角沟通的水上交通枢纽点，其建筑风格受到赣南、梅州和广府建筑文化的影响，在形制与修饰元素上综合了客家及其相邻文化的一些特点。从形制而言，龙川古村建筑主要有围屋、围龙屋、府第式、杠屋、碉楼等。

龙川的围屋较多，其中又以四角楼和独角楼居多，其他为三角楼和两角楼，还有没有角楼的围屋，如黄岭炮楼。如前所述，这种类型的建筑在赣南南部几个县，还有广东的河源、韶关、惠州、清远东部、增城、东莞、深圳以及香港新界，粤西乃至广西贺州等地也有零星分布。其中又以赣南的围屋年代最长，很可能其他地区包括龙川的围屋与赣南围屋有着很深的渊源传承关系。

黄布的古村建筑（颜朝兴／摄）

围屋是客家建筑中较重视防御的一种样式，这与龙川山多，明清以来山区土匪横行，而官府的力量又常到不了山区有关。围屋的防御功能主要落在角楼上，角楼通常比屋高一层，可瞭望，内四周布枪眼可攻击，墙相对厚实一些，族人可入内避害。但总体来说，龙川的围屋的防御性比其他地方要弱一点。一是墙体没那么厚，其他地区不少围屋一层的墙体厚度在1米以上，但龙川绝大部分的围屋墙厚与普通民宅相差不大，远没有赣南围屋厚实。二是龙川围屋绝大多数只有两层，仅有黄岭炮楼等极少数几座有三四层的。

围龙屋，在龙川县的东片和南片靠近梅州地区的村落居多，可见此种建筑是受到梅州围龙屋的影响，在调查中也发现，围龙屋的主人其祖先基本是从梅州各县迁来，也证实了龙川围龙屋应是从梅州传入的。正因如此，龙川围龙屋的形制、特点与梅州几乎无异。

杠屋，南北片各有分布。所谓杠屋，即中间厅堂的空间被左右房屋压缩了，在正立面看起来像是中间扛起两头，两边的房屋也高过中间的厅堂，但在整体布局上，厅堂仍然决定着方向，其祠堂式的功能没有改变。杠屋的建筑先后顺序与围屋、围龙屋不一样，不一定是先建祠堂再建其他房屋，而是视宗族的经济条件和风水而定，首先建造

紫市镇一处围龙屋的最外一围（黄志鑫/摄）

第二章　龙川古村：千年古邑的文化守望

杠屋建筑——小参村维兴楼（吴良生／摄）

最简单、实用的杠屋，留出空间再建中间的厅堂。龙川的杠屋大部分前面还有围墙，在建筑的左边开侧门进入。

碉楼，在龙川的北片居多。这种建筑平时不怎么住人，纯粹为防御而建。客家地区仅为防御单独建碉楼，至今保存数量较多的一是广东始兴县，二就是龙川县。不同的是，始兴的碉楼四个角均有突出空间，为的是加大防御的范围，而龙川的碉楼就是四四方方，最大特点是一般最中间顶上都建有突出一层，作为瞭望之用。龙川碉楼一般就地取材用石料建成，也有用土砖建的。有外敌入侵时，族人便躲入楼中，敌人若是进攻则利用枪、箭、铳等武器进行防守。楼中通常贮有粮食和水等物质，坚持到敌人退去，族人才从碉楼中出来，恢复日常生产生活。

龙川的古村建筑除了以上形制上的特点外，在用料、装饰上也有一定的本土风格。

龙川古村建筑在用料上也基本是就地取材，最显著的特点是当地花岗岩石料的选用。有的房屋从脚到顶基本上是石料砌成，而且还相当普遍，至今不少楼房也沿袭了这个特点，这在其他地区相对少见。这些石料均是从本地山体上采来的，也有从河溪中搬来的，人工均是自家人或亲友。其他梁、板、瓦角等用木料也基本是自己到山上砍运回来，自己加工。除了请风水师、专业的泥水工、艺术装饰之类的雕刻师外，基本是自给自足，建筑成本得到了最低的控制。

作为一个山区县，龙川的古村建筑装饰相对朴实，没有沿海地区那么华丽，比起同在客家地区的赣南、闽西、梅州的建筑也显得含蓄质朴。这在建筑内部的雕刻中可见一斑。基本上是木雕、石雕，广东建筑中常用的砖雕、泥塑、陶塑在龙川古村中很难见到。木雕、石雕的工艺和图案也相对普通，雕工基本为一层、两层的浮雕，少有三层以上的和网雕工艺。此外，有些祠堂的墙壁上还有手绘的国画，均出自普通文人之手笔。但就是这种朴实的装饰，彰显了龙川客家人务实的人文精神。

在外形的装饰上，无论是围屋、围龙屋，龙川古村建筑多多少少都综合了其他客家地区和广府建筑的元素，最典型的是广府弧形的镬耳山墙的使用。镬耳山墙是广府建筑的代表性装饰，以其屋两边墙上筑起两个像镬耳一样的挡风墙而得名。明清两代，宗族和家庭实力强

大长沙村的雕楼（黄志鑫/摄）

青云村世荣第梁上木雕（星海／摄）

大的，就会建造一所镬耳屋来显示其富有与气量。这种建筑元素通过东江水运、龙川与省府的联系沟通，传到了龙川地区，成为龙川古村建筑常用的元素之一。

此外，龙川古村中的其他建筑，如古桥、古塔、古庙、私塾和书院等也有一定数量，它们是古村建筑群中的有机组成部分。如大长沙村的文峰塔、文林书院、长盛桥等。

大长沙村长盛桥边的六合皇塔（黄志鑫／摄）

龙川古村

LONGCHUAN GUCUN

第三章

青云村：青山云处有人家

青云村（黄志金／摄）

对于客家人而言，每一个家族的理想就是找一安身立命之处，将家族的财富与文化梦想代代传承。

400多年前，一个叫刘万琛的年轻人走进了龙川北部的一个叫青云村的地方。这个村子原名下青坑村，位于龙川县上坪镇的北3公里处，原有张、杨、李、赖四姓居住。其中，张姓户主是刘万琛的同年兄弟。张姓让了一块地方给刘万琛，在刘万琛及其后人的努力下，刘姓开始兴旺发达。而原来的张、杨、李、赖四姓人，经过多年的发展，已全部移居外地。

第三章　青云村：青山云处有人家

青云村，在清乾隆二十七年（1762年）的《龙川县志》中已经有其记载。其位于龙川县上坪镇北部，离寻乌县界仅5公里，青云村的繁荣与此有较大的关系。但更大的因素是宗族化以后"崇文重教、耕读传家"的传统之形成。龙川村落的宗族化过程应在明代，特别是正德年间以后开始进入普遍期的，而现有的姓氏宗族强盛起来的多在清中后期。青云村的宗族发展过程也大体如此，尽管村中杂有古、黄、陈等姓，但刘氏家族自清以来一直占据主导地位，村子兴盛的标志——大型围屋、石旗杆、石桥等均为刘氏所建立。

经过刘氏族人数百年的经营，青云村已经风光旖旎，梯田级级而下，一栋栋精美的围屋分布在梯田之中，形成一幅让世人心动的山民田园画卷。

青云村石桥（黄志金／摄）

 万琛立基,后世平步青云

青云村开基祖为刘万琛,宗族人称"万琛公",村中的"万琛公祠"据说建于明代,现已毁,但基础主体还在。现在青云刘氏族谱还写有"原住回龙村,承祖父遗业,后移居下青坑(今青云村)建宗祠一座,前后左右余地甚阔,不得添造房屋"的祖训。

话说青云村本来风水就好,其地形像一只金龟塞在水口里。相传,此龟晚上到上坪、下坪附近一带吃禾,天亮以前就回来,并把吃了的谷吐出来。所以,青云村的人很快就富裕起来,超过了周边的一些村落。这个传说实际上仅是对青云村风水好的一个注解。

青云溪风光(黄志鑫/摄)

第三章　青云村：青山云处有人家

青云溪风光（星海／摄）

　　对于刘氏据青云好风水的传说，说明一个家族风水的好坏，不但来自于对自然环境的选择，更来自于先祖的"积德行善"。

　　青云村刘氏始祖刘万琛原籍兴宁，后迁往回龙村。一次他来到下青坑村，看到此地虽处山谷，却有水草地适合养鸭子，于是来到此地定居。他养的鸭子很好，下的蛋也多，很快就在此立足。虽然原来居住于此的少部分人有时会偷其鸭蛋和鸭子，他也很大方，不予以追究。同时，他还与张姓某人结为同年兄弟，并请求张让一点土地给他搭茅屋居住，张欣然答应。有了茅草房的居住，刘万琛就养起了母猪。当时四处都是叉棚，但是母猪每次都到同一个地方产仔，刘甚感奇怪，以为莫非此处是风水宝地，所以，便在此处建造了一座四房一厅的屋子。因为他与原住此地的其他人和睦相处，很快立足下来，并建屋立业。后来，刘姓不断壮大，张、杨、李、赖四姓的居民迁往他处，从此青云村就成为以刘姓为主的村落。

世荣第（星海/摄）

　　关于开基祖到一地养鸭子然后在此定居的故事版本在客家地区比较常见，因为在客家地区看来，鸭子养得好的地方必是水草丰茂，适合人居住。而刘万琛友善乡里，才是他立足并使家族发展的最重要原因。

　　进入清中期，刘氏一族开始兴盛起来，先有刘学立中武举，建有世荣第，后有刘以享、刘恩伟等学子中得功名。刘以享在惠州学府考试时，在3000多考生中一眼被考官看中，被学台封为一品盖习（俗称武贡）；刘恩伟则是清道光贡生，为他竖立的石桅杆至今仍在村里完整保留。他们不仅为青云刘氏留下了围屋建筑的物质财富，也留下了可贵的人文精神财富。

古村建筑，荣光耀后人

在村中保存完好的老建筑有30余座：有围龙屋，如老围里、围龙下等；也有围屋，如儒林第、世荣第等。分别散落于梯田之中，如果没有现在越来越多的红砖小楼房，各屋之间适中的比例让人一进村就能感受到传统建筑格局之合理与舒服。青云村400年以上的古建筑有万琛公祠，300年以上的有元庆公祠、国贫楼、老围里、围龙下，200年以上的有恩荣第、儒林第、福扬塘、高里第、世荣第、麻面第、郁山楼、文经第等，其他多建于清朝后期和民国初。

作为宗族传世的建筑，青云村各建筑都在不遗余力地表达宗族文化，传承家族荣耀，以激励后人。

世荣第

刘氏一族至清代开始在当地显赫起来，其中有世荣第的建造者刘学立，据传他曾中武举，并在朝廷为武官多年。正因如此，刘学立的

世荣第牌匾（星海/摄）

世荣第上的木雕（星海/摄）

文化与见识要高人一筹，世荣第的建筑也有了更多的文化内涵。

　　世荣第是青云村古建筑中工艺最为精湛的。这座清中晚期的建筑，共有三进四横一围龙，占地面积2204平方米，有九厅、十八天井、七十三房间，规模大，格局完整，2010年被列为龙川县文物保护单位。现存共有三进，中间为祠堂，左一横，右则有三横。后为山林，前为梯田，一条山溪绕过屋前。建筑材料使用上基部为石、墙脚为青砖，其余则为泥砖，石灰沙粉刷。左两横的屋子山墙为半圆耳式，很典型地受了广府建筑风格影响。祠堂门口有匾，上书"世荣第"，寓意世代荣昌。

此屋最大特色是雕梁画栋，图案众多，显示了当时龙川建筑雕刻艺术的水准。门前顶上两条梁各雕一幅"五福临门"，每幅上五只形态各异的蝙蝠张翼飞翔，似乎要进入家门。左右梁轩上分别雕着"双狮戏珠"，左右梁枋下则分刻"蟹图"和"石榴图"，意为家族和谐、多子多福。最让人惊奇的是右梁枋下还保存有一枝石榴，有两个果，生殖繁衍寓意十足，遗憾的是左边本应对称的另一枝已不存。门里门外的楼板本也是画板，前厅、中厅的柱子均为花岗岩石柱，中厅上梁"双龙戏珠""双凤朝阳"图保存完好，所上金粉色泽依然鲜艳，梁架经百余年也几无破损。上厅挂着当地客家人生了孩子之后上的灯笼，左右墙上有多处画迹，可惜画面已十分模糊。

世荣第除祠堂门面以外，1米基以上的部分基本为土砖，可见当时宗族财力还不是非常雄厚，这与本地在深山，商品经济不发达有极大的关系。右边二横屋前均为广府式的镬耳山墙，证明广府文化元素已经融合进了龙川的最山区。虽然建筑材料普通，但崇文的青云村人仍然在建筑装饰上用足了心思，展现了山区人民对文化的守望。

生殖多子含义的木雕（吴良生／摄）

第三章 青云村：青山云处有人家

石旗杆局部及上面的刻字（黄志鑫／摄）

祥或狮虎相争等吉祥物装饰图案。

到了清代，有的客家宗族又立有族规，凡考上秀才、举人者，祠堂也可竖立石旗杆。为了表示区别，主要依功名高下、品位大小及文武科名之分，来决定石旗杆的长短，以长者为上。另外，旗杆的底座式样和雕饰图案亦有一定的区别，底座一般有四角、六角、八角形之分，以角多为尊。人们从石旗杆的长短及底座和装饰图案的不同，即可知其功名及品位的大小。石旗杆凿成后，家族要举行热烈庄重的竖旗仪式，全村人均要敲锣打鼓来祝贺，借此彰显家声。谁家的祖祠前石旗杆越多，就说明谁家出的人才越多，宗族越兴旺发达。而一个地方的石旗杆越多，说明这个地方越是人才辈出，人杰地灵。石旗杆，古色古香，栉风沐雨而巍然挺立，它向世人昭示的不仅仅是往昔宗族的荣耀，而更是客家人重教兴学、人文鹊起的文化传统和精神风貌。①

　　青云村的两根石旗杆高约13米，为客家地区典型的石旗杆样式，也是目前河源地区难得一见的保存完整的石旗杆。其中一块石夹面刻"大清道光廿六年仲冬吉旦"，另一块面刻"乙巳恩科选恩贡士刘恩伟立邑庠升贡刘讳盛立"。这是河源地区遗留的为数不多的石旗杆，非常宝贵。

儒林第

　　刘学元在建造儒林第之前，身穿烂衣服、头戴烂斗笠、脚穿烂草鞋，亲自到岩镇山池买石灰。到了山池后，刘学元在石灰窑边呆了两天两夜，东家以为是呆子。到了第三天，刘学元问石灰价格如何？东家看不起刘学元，便傲气地说："你若有钱买，你买一窑我送三窑，且包送到，连挑夫都不喝你一口茶。"刘学元先是愣了一会儿，然后说："此话当真？"东家说当真，且立了字据。刘学元买了三窑，送了九窑，一共十二窑，包送到。一开始，石灰送到后，刘学元喊挑夫们进来喝茶，他们称了石灰马上就走。过了几天，刘学元跟挑夫们说："别怕，你们就进来喝个茶，我不会告诉你们东家的。"这样，挑夫们才肯进去喝茶，他们都很感激刘学元。正是因为刘学元的机智，儒林第顺利建造起来了。

恩荣第

　　恩荣第也是刘家在科举上取得成就的象征，门口有恩荣木匾，颇

────────
①罗勇：《略谈客家人"耕读传家"的文化传统》，载《寻根》2007年第5期。

第三章　青云村：青山云处有人家

青云古村（黄志鑫/摄）

有官府气息，虽不能确定是否为官府奖励颁发，但从今天青云人的语气中也能听出其为先祖自豪的一面。

恩荣第也是清代建筑，三进二横，建筑面积768平方米。前面为青砖墙体，门前梁上雕刻较多，在龙川保留的古建筑中算是比较精细的，在屋顶上还有绘画。该屋于2010年被列为龙川县级文物保

青云村石旗杆（吴良生／摄）

石旗杆

在客家地区，到处可以看到用石柱雕成的旗杆，或者用两根石柱中间镶嵌的木旗杆子，这是一种功名的象征，客俗语云："三年中一举，旗杆夹石。"这种旗杆，又被称为客家人的"华表"。相传尧舜时代就有"华表"，那时在交通要道竖立雕刻精美的柱子作为识别道路的标志，称之为"华表"，而后沿袭下来，多在宫殿、城垣和桥梁或陵墓竖立。客家人的"华表"多在祠堂前竖立，一般长5～10米不等，其基座一般为长形石条凿成的方形或圆形状的石柱。石柱上雕刻着各种装饰图案，各节石柱又以石榫相衔接而成，尾部逐渐细小，矗立起来就像是大旗杆，故人们称它为"石旗杆"。能竖上这种旗杆，是家族的荣耀。在我国科举盛行的时代，若是哪家的读书人金榜题名，考上了"进士"，或是获得其他上品位的官职，宗族便请来手艺高超的工匠，精选石料，制作石旗杆。旗杆上凿上获得功名者的姓名、科次、功名、业绩、生平、官衔、品位、年代等，并刻上龙凤呈

乐群楼（黄志鑫／摄）

护单位。

其他建于清代的老屋还有福扬塘刘屋、元庆公社公祠、文经第、赞藩第、乐群楼等。此外，青云村还是连接寻乌县和龙川县的交通驿站，现在还保留了一段古道和一座古桥在见证当年的繁华。

第三章 青云村：青山云处有人家

 古村人的故事：刘瑞村告倒贪官

　　村落非物质文化的传承通常通过故事来完成。茶余饭后或农闲时，在祠堂门口，在晒谷坪中，一个个有关于祖先的传说由老人家一代代地往下传。青云村也留下了许多传说，而其中刘瑞村告倒贪官是村民最津津乐道的一个传说。

　　刘瑞村名绍朋，是下青坑武秀才刘长枢之子。他从小接受教育，继承先辈的传统，受刨两不误，家财富有，家风兴盛，远近闻名。

　　太平天国运动失败以后，余党流散各地。一些乡村间便出现了帮会组织，如"三点会"，会内称兄道弟，有大哥、二哥等称呼。在地方未见有多大的危害，但在清廷看来，那些全部是乱党。

　　清朝光绪末年，龙川县长魏绍堂为了发财，借明靖治地方、清剿叛匪为由，四处搜刮地方钱财，以刁难地方长老、富户交出当地所谓叛匪为手段，迫其出钱，中饱私囊。那时，上坪雁湖凹死了一个乞丐，谣传被人杀害。消息传到县城，魏绍堂以为有机可乘，亲自出马率领一班兵卒来到上坪，声称"叛匪作乱，杀人越货，要缉拿归案。"届时正疯传青坑地方有帮会活动，魏即点名青坑士绅刘芬、殷户刘瑞村与富户刘某要负责任。刘某因惧怕有事，便送钱贿赂魏绍堂，魏绍堂收到钱财后便不再追问刘某，只追究刘芬与刘瑞村两人的刑责。魏县长率人马来到上下青坑村，直找士绅刘芬，勒令其限期交出匪首，并要求刘芬出钱物供应兵士的生活。其来势汹汹，有令人不可抗辩之感。

刘芬深知魏绍堂的图谋与来意,便以缓兵之计拖延时日,说:"县长大人,地方虽有不肖之徒参与帮会,亦非刘某之所愿闻,但他们亦非个别所为。据云,匪众聚于江西笔架嶂深山,山深林密,远离广东。此去要经过三十六坳,坳坳有人看守,每坳要一日才能到。就算去找他们,也是要几个月才能到,这几天的时间就谈如何交人呀!要解决此问题,须从长计议,假以时日方可办到。"魏绍堂起初不同意,刘芬也极力否认有匪藏于村的事情。僵持不下,魏绍堂就叫刘芬立状,限期交人。刘芬立了两个月的期限,这才把魏绍堂他们打发回去。

魏绍堂到上青坑村没有捞到钱财,翌日又率部来到下青坑村找刘瑞村。他故技重施,要刘瑞村立限交人,并出钱供应伙食。刘瑞村听说魏绍堂去过上青坑村,但却没听到什么风声,于是暂时安顿了魏绍堂等人的食宿,自己连夜赶往上青坑村刘芬家探听虚实。刘芬将事情的经过讲述一遍,刘瑞村问:"我现在该咋办?"刘芬答:"只能故技重使。"刘瑞村又问有没有一劳永逸的办法。刘芬答道:"办法是有,就看你敢不敢使,肯不肯使?"刘瑞村回答肯定。刘芬说:"写诉状状告他擅离职守,下乡搜刮民财,一举扳倒他。"刘瑞村担心能否告倒,刘芬对他说"绝对可以,只是要花些钱财",并告诉刘瑞村,他有一名同学刘世松中了进士在惠州府任职,这人为人耿直,若是状告贪官,他定会鼎力相助。刘瑞村知道有此一层深意之后,便说:"我宁可将钱财丢入大海,也不愿送钱给贪官魏绍堂。"于是,两人商定计划,不日去惠州府状告贪官,并要刘芬写了诉状。

刘瑞村回到家里,安顿好魏绍堂的食宿之后,声称自己要去外面借钱以济眉急。他在外面筹足了款,带上状纸直奔惠州告状。

刘芬的同学在惠州接待了刘瑞村,得悉其中委曲后便答应了刘瑞村,会替他办事。惠州府受理此案后,旋即派人去查办。

魏绍堂在下青坑村等待多日仍然不见刘瑞村归来,必料有变,随即借口有事离开了下青坑村,转到他处寻觅勒索对象。由于下乡日久，魏绍堂回到县里时，就已经接到"撤换龙川县县长，敕令他调"的命令。魏接到公文一看，虽然很是气愤，但也无可奈何，只好等待交接。

刘瑞村在惠州停留多日，见事情已经办得差不多，就启程回乡。顺道到龙川县城打听消息，晚上投宿于刘家祠。魏得知此事后，马上派兵包围了刘家祠。幸好刘家祠的人早已得到消息，叫刘瑞村从后门逃走，东渡东江，连夜赶至老隆投宿于他的老同学黄治鉴家里。魏绍堂的人马到刘家祠扑了个空。

不日，新县长到任。魏只好心不甘情不愿地离开龙川。

俗话说："墙有缝，壁有耳。"魏绍堂被刘瑞村状告下台的消息不胫而走，很快风闻全县，刘瑞村轰动雷江一时。

辛亥革命成功后，民国初年，龙川划为六个区。贝岭是第六区，辖下的上坪地方划为六个分区，区长谁任？县里人说非刘瑞村莫属！于是，他出任第六分区的首任区长，县里还推举他为县议会议员。至今，"刘芬笔利，刘瑞村敢斗贪官"仍是上坪地区津津乐道的话题。

龙 川 古 村

LONGCHUAN GUCUN

第四章
小参村：粤赣门户、将名之家

龙川古村 LONGCHUAN GUCUN

定南进入广东的省道横贯小参村（黄志鑫/摄）

第四章　小参村：粤赣门户、将名之家

驿路故事多！

明代末年，兵部参将李世相受命率数万明军抗清至龙泉县（今江西遂川县境内），李忠贞卫国，顽强抗击，然终因孤立无援，兵败沙场，以身殉国。后人为纪念他，遂将其故乡村名更名为"小参村"。

古代从龙川上定南，必经小参村！

小参村位于龙川县北部，距县城106公里。村子与江西定南县交界。它是细坳镇的北大门，是从细坳镇通往江西定南县城的唯一公路出口处，麻小公路就是到该村为止点。该村是广东、江西两省界址分水岭，与江西省定南县九天镇兴隆村咫尺相距，到江西定南县城也只有30公里左右，两境村民同烧一山柴，同走一条路，是故，两地村民之间的嫁娶联姻者也较多。

如今，小参村下辖9个村民小组和19个经济合作社，全村有378户，总人口2000多人。村里有耕地面积1089亩，山林总面积1.16万亩，其中毛竹山面积0.58万亩。小参村目前还保存有清代围屋、小街、小道、古桥等建筑一批，是一座有内涵的历史文化名村。

小参村华盛楼（吴良生/摄）

古道熙攘话小参

起初,在小参村生活着白氏、缪氏、陈氏、徐氏等居民。后来,白氏因经商有道、发家致富后迁往他处。明万历年间,李维韬从细坳半径中村迁至小参村,是小参村李氏的开基先祖。李氏人丁兴旺,渐渐成为小参村的主要姓氏,如今,小参村多为李姓。

关于村落发展史,当地人流传着"肇始于元,兴盛于明清"的说法,它生动形象地概括了小参村的历史变迁过程。

宋朝末年,一条纵贯南北的古栈道从小参村中通过;到了明初,这条栈道拓成了驿道,使原本人烟稀少的小村落慢慢地成了南北通达的水陆中转站,村落也日渐繁荣起来,农贸经济交易、南北商品的交流逐步繁盛,小参村逐渐成为南来北往旅客的集散地,到清代就有了"小参街"了。在细坳街兴建之前,"小参街"一直是赣粤两省边境民众的主要集贸之地。据村里老人回忆,当时古栈道两旁都建满了两层高的房屋,仅客栈就有3家,还有20多家店铺,柴米油盐酱醋茶酒等应有尽有。往来的商旅与挑夫络绎不绝,熙熙攘攘,非常繁华。"头老隆,二贝岭,三小参"的商贾歌谣便是这个时期的生动写照。

在小参村与江西白石下交界之处,有个山坳,名叫"当风坳"。此处是通往两省的必经之路。相传,小参村李姓先祖修善积德,想到春夏秋冬来来往往的人两边上山,汗流浃背,口渴难忍,若是有个凉亭歇息片刻、茶水饮之,便是无限惬意。因此,就决定在此坳建个茶亭,供行人歇脚之便。此亭建成至今已有250多年的历史,民国二十三年(1934年)时曾修缮了一次,修缮好后,在茶亭两门写了一

第四章 小参村：粤赣门户、将名之家

副对联，近粤一边的茶亭门上横额是"柱史亭"三字；靠赣那边茶亭门上的横额是"地接衡庐"四个字，其对联是："南北尽同胞分什么粤区赣域；东西皆大道看将来马水车龙"。此两联均是细坳闻名的板昌先生李竟业的杰作，内容浅白易懂，意义深长恰切，广为众人所传颂。遗憾的是，此亭由于久未修缮，早已坍塌，仅留遗迹供后人凭吊了。

小参老街（黄志鑫／摄）

小参村的老屋

客家地区是中国民间风水的发源地与重要的实践地，留下了很多有关建筑与风水的传说。

小参村也不例外，从其始祖李维韬迁入到后来李氏家族的建筑群形成，充满了风水的色彩。如果说青云村的建筑特色是宗族文化较为突出的话，那小参村建筑绕不开的就是风水。这和小参村与江西交

风水宜人小参村（吴良生／摄）

第四章 小参村：粤赣门户、将名之家

界，容易受江西形势派风水师影响有关，其开基祖屋便由形势派风水的发源地——兴国的风水师指点。

小参村名人辈出，大多数人告老还乡、荣归故里之后都会在家兴建宅邸，以便居住和光耀祖宗。小参村的古建筑的数量是相当可观的，其气势恢宏、雕刻精美、独具匠心。它们之中保存比较完好的有"柱史衍庆"李屋、竹园围、仪象楼、怡春园、维兴楼、福泽园等。1978年以前，农民居住的房屋都是清代、民国时所建造的土木结构的泥墙大屋。

四坑围及其传说

传说在明朝万历年间，李维韬从贝岭迁到小参村赤岭下上角开基，勤耕苦作，生活逐渐过得宽裕，后来在小参街开有一间客栈，但却仍没有自己的传世居所。

有一天，有一位体弱的老翁来投宿。李维韬见老翁身体虚弱、行动不便，就上前搀扶老翁进店安宿，并将家中的老母鸡宰杀，炖汤给老翁滋补身体。数日之后，老翁身体康复，见年过花甲的店主（李维韬）依旧身材魁梧、面容慈祥，一身福相，便对李维韬说："我是江西兴国人士，常在潮汕一带为人择坟地、吉宅，多次从此村路过，发现村中有一处风水宝地，属双龙贯脉的吉宅屋场。"

翌日，老翁带李维韬行至街背下侧，手指向梅里塘、后龙岗方向山脉说："这就是双龙，而落在四坑田段，这便是双龙贯脉。选择一个良辰吉日动工，在正穴处造一个大围屋，店主必将后福无量、子孙发达，代代人才超众，文官武将迭出。"李维韬经老翁的指点，看见眼前的四坑田段确实像"双龙贯脉"，遂点头应允。动工时，发现中穴处有一个磐石，几个大男子汉都搬不动。李维韬便上前施礼，礼毕，叫大汉用力搬挖，没用多大工夫，磐石就被搬开，发现下面藏有三水缸的白银。等围屋建好后，发现三水缸的白银正好够建造围屋的开支。

这故事也印证了一个道理，积德行善者必有好报。李氏在小参村传承数百年，与此也是分不开的。

李维韬携子带孙搬进新建的围屋——四坑围后人丁兴旺。在第四代的时候就出了一个才貌超群、读书出众的裔孙，他便是李世相。李世相爱好习武射箭，后来考上武举，在崇祯朝被任命为参将，精忠报国。清起兵攻打明朝时，朝廷命李世相统领数十万大军出京迎战平反，清军节节败退。清军詹天师就怀疑李世相有风水宝地相助，便命令部下率兵与堪舆师到广东小参村寻找李世相的祖屋和祖坟。清兵与堪舆师查出李世相的祖屋是"双龙贯脉"，便叫士兵在梅里塘、后龙岗山脉挖了两道数十米长、深7米左右、宽7～8米的沟槽，槽内各埋一条猪姆锯，以示斩龙颈、截龙穴。数日后，梅里塘、后龙岗小溪连出几天卤碱水。与此同时，李世相将军在战场上作战也屡战屡败、不断失利，最后在龙泉县战死沙场。这个故事一直在后人中流传，而那两道沟槽虽历经百年风雨，然遗迹仍在。

这故事虽有所夸张，但彰显了李世相忠义之举，其精神实为李氏族人宝贵的文化遗产。

在清朝时期，李维韬的裔孙为纪念祖德，请堪舆先生在村中选址建造李氏宗祠。堪舆先生认真考察了小参村的历史，发现这里确实人杰地灵，如果再选一个好的风水宝地建宗祠，那人才必然会更加出众。经过堪舆，最后选址在赞湖第老屋右上角。因为此处背后的山形像旗，正面的山形尖，凹凸几处，像笔架山，这样的宝地做宗祠，后代必出文官和武将。可惜，动工时择的良辰吉日有偏差，挖了数十锄，挖出108只蟾蜍。这些蟾蜍眼睛还未睁开，一下无法跳出工地。堪舆师祝贺道："此乃好兆头也！若是推迟数个小时动工，小参村人官福无量。"但是李氏祖德功高，天神土地保佑，若小参村每代出不了文官要员，也必出武官主将。这种看似迷信的说法却也是一种心理暗示，同时也是一种文化指向，让李氏后人崇文重教，传承家族忠孝文化。

第四章 小参村：粤赣门户、将名之家

关于四坑围，还有一个不得不说的故事，相传明朝万历年间（1573—1619年），韬公建造四坑围屋时是吃小河的水。住新房的第一天大早，韬公打开大门看见一个很漂亮的女孩子，上前询问，才知道女孩前一天在小河上游洗饭蒸，盖不见了，突然间，韬公发现在屋角有一个盖，女孩子捡起盖时发现下面有一口小井，小井水清而见底，水流不断，这时，这个小女孩双膝跪下，甜津津地喝着井水，转眼间小女孩不见了。从此以后，凡吃这口井水的人，生来的女孩子长大后能说会道，长得特别漂亮，嫁出去后，都孝敬父母，是丈夫的贤内助，好帮手。后来，全村人的吃用水都到这井取用，故此，在民间流传着这样一首民谣："小参客女，瑶田禾，贝墩猪仔，下车笋。"

直至今天，在社会中还流传着这样的佳话，男青年如果娶到小参客女，算是有福之人。

"柱史衍庆"李屋

"柱史衍庆"李屋，别名"参将祠"。此屋建于明代，坐北向南，原为三进二横一围龙的布局。房屋面宽34米，深32米，建筑占地面积1088平方米，总占地面积为1493平方米；青砖墙基，土砖与夯土混合墙体，硬山顶，灰屋瓦面，鹅卵石铺陈的地面；此外，大门前有一半月形水塘。左斗门前有二圆木柱承一梁，木质门框、麻石门墩、门槛，门后有木楼棚；正大门的构造是：木质门框、麻石门墩、木门页，门额墨书"柱史衍庆"；中正厅后侧有专门供奉李世相的祠堂。因"柱史衍庆"李屋对小参村影响很大，故后人又称其为"参将祠"。此屋由于年久失修，现在仅存左斗门、下正厅中正栋"仰高祠"、后正栋左房间、二横屋及围龙了。

竹园围

竹园围，建于清代，坐东北向西南布局，三进二横，正屋上七下七的布局，房间是三层的木楼棚。该围面宽37.2米，深29.6米，建筑

占地面积1101.12平方米。正屋和横屋均是青砖墙基、土墙体；角楼青砖墙基，中间土夯墙，上部土砖墙体；硬山顶，灰屋瓦面，天井铺砌着鹅卵石。该围首层共计有五厅、四天井、三十二房间、一禾坪（晾晒稻谷或堆放柴草等东西之用）。大门青砖拱门洞，石质门框、门墩，木门页，门额墨书"竹圜围"；上正厅前壁则陈设着神台；中正厅有四根圆木柱和梁架；下正厅有两根圆木柱。

客家的围龙屋，前低后高，后面半弧形，正面设一座大门，两边各设一座小门，称小围龙屋；两边各设两座小门，称大围龙屋。一般围龙屋是平房，很少有围龙屋是双屋结构。而小参村的"竹园楼"却

竹园围（黄志鑫／摄）

第四章 小参村：粤赣门户、将名之家

竹园围虎头门楣（黄志鑫／摄）

是正方形的围龙屋，正面设一座大门。大门高6米，东西两边后侧各设一座小门，小门高3米，围龙内屋双层、外屋三层，围屋建筑面积达6600平方米，像这种围龙屋是比较罕见的。还有一个特别之处就是竹园围的门楣为老虎形，有双眼开洞，这是受定南一带建筑风格影响所致（定南著名的虎形围，始建于1786年，前楣便是老虎脸形，定南多处围屋有此特色，龙川所发现有虎形门楣建筑均靠近定南，且年代也后于定南虎形围）。

传说，古时有风水先生在小参街客栈投宿，逛游小参村。目睹小参"五马归槽"村形，建议在"五马归槽"的归落处建一座四方形的围龙屋，意指此围屋是五马归槽圈马的马厩；屋名命名为"竹园楼"，表示五马归槽的马在竹园中可以自行落脚。自从李维韬的后裔首熏公迁入竹园楼居住后，竹园楼连出4名秀才、9名贡生。

福泽园

福泽园以小参村最大的神庙——五谷神庙为中心而建，坐北向南，仿古设计，总面宽73米，深35米，占地面积2555平方米。它由大门碑廊、平安桥、门福楼、小广场等组合而成。园内东部有社官庙宇，后部有五谷祖祠。大门前有对联一副，上联"得载承传征福泽"，下联"荣才辈出继圣贤"；背后亦有一副对联，上联"苍峦古树生瑜玉"，下联"活水珍泉隐丽章"。左侧有门楼，门额用大字醒目地刻着"小三社径口村"。还立有"红色小参村"纪念壁。另有长廊共分三段，均由当代政界、文化界等人士所题写。

关于五谷神庙，还有这样的传说：

小参村有个"福主大王"，又叫作"牛神"。每年农历六月六日全体村民举行扛"牛神"。传说，"牛神"节前，天会下雨，叫作借天洗洁神坛，以迎节日。每年六月初五深夜必有两头牛不知从何而来，自动到此。两头牛均体高肥壮，令人喜爱，观其四蹄，总是走穿了。但是，附近各村农户从无人丢失耕牛。

节日早上，轮流祭祀为首的几个人，便将远来的肥牛在神坛宰杀，中午村民宴餐。晚上扛着牛头作祭品焚香燃烛，敲锣打鼓，大放鞭炮，走遍小参全村各屋，热闹非凡。各家各户男女老少穿着新鞋新衣裳，还办置酒席，邀请戚友共庆节日。

初七早上，宰杀第二头牛，叫作"清坛"。村民扛着福主大王神牌到小参街逐店参拜，再次回坛祭祀。祭后将神牌放回坛座，叫作"复坛登位"。意为村中大吉，欢喜而散。

时至某年间，天刚蒙蒙亮，有一村民看见体壮身高远来的神牛，偷偷地用自己家的耕牛换回祭祀的神牛，这样一换，从此以后，便再没有祭祀的神牛来了。每年六月六日虽举行了扛"牛神"，但祭祀用的牛只好大家凑钱买来宰杀了。

1949年后，这种扛"牛神"的祭祀再没有举行了。村民为了纪念这种风俗节日，于1996年重新修建神坛，该坛仍在原位（地名：神背）。逢年过节村民会带着纸香前去祭拜，祈求全家平安。

福泽园一角（吴良生/摄）

小参村凯旋城塑像（黄志鑫／摄）

赤岭屋

　　赤岭屋位于小参村中部的东面，是一座上七下七的大围龙屋。该屋建于清朝初年，距今300多年的历史。该屋现在仍有农户居住，赤岭屋正厅后面的外围屋天井长期溢泉水，久旱不竭。溢出的泉水，冬暖夏凉，清香甘醇，每天可为八九十人提供生活用水。主人将此天井改建为泉池，屋中父老均是饮用此泉水生活。据说，此泉水煮饭不馊、酿酒不酸。长期饮用此泉水的人，健康长寿，男性平均寿命80岁，女性90岁左右，居于全镇之首。

第四章　小参村：粤赣门户、将名之家

"弹丸之地藏龙虎，五马归槽育将才"

粤东虽为南岭所怀抱，然小参村是细坳镇的北部"小平原"，村民居住较集中，耕作土地也较平坦。这是典型的客家人"小盆地聚族而居"的居住环境。在青山绿水的哺育下，小参村人杰地灵，人才荟萃。

小参村开基始祖李维韬，从半径村迁往小参李姓，在赤岭下开基，是明朝的庠生（秀才）。后业，乾隆朝的进士、"翰林院"编修、广东学政、文学家李调元（四川绵阳人）与其后人交往，为其题写了"斯文首倡"匾一块，原件已失，重修件在李氏后人家中保存。

后有世相，又名相唐。他出生于明朝万历年间，天启年间中武举，崇祯皇帝钦命他为兵部参将。明被清灭亡后，世相率数万明军从北转战至江西赣州遂川县（原龙泉县），终因得不到援军，全军覆灭在遂川县城内。

李云山，原名李原林，1867年生于龙川县细坳镇小参村，1935年因病去世。他早在20年代大革命时期就跟随孙中山积极参加国民革命运动，1924年在广州农民运动讲习所学习，成为广州农讲所的第一期学员，且在1924年4月受到孙中山大元帅的接见。此后，他积极筹资支持国民革命运动，并被孙中山委任为东江第十支队游击司令，协助讨伐粤军陈炯明部。他主持筹建了龙川县国民党党支部，随后在家乡积极指导、开展农民运动。1930—1932年间，在闽粤赣边五兴龙县苏维埃政府的领导下，他汇集家乡的几十个进步人士成立了五兴龙农民协会，开展了"二五"减租活动。

20世纪40年代末，又有以李良才为连长的东二支九连（亦称小三连），其组成人员140余人，其中120多人是小参村人。他们参与了解放广州等战斗，为建立新中国立下了丰功伟绩。新中国成立后小三连原组成人员，大部分留在广州城，转业到公安部工作，继续为国为民建功立业。小参村也是细坳镇外出人员居住在广州和各地人口最多的一个行政村，达400余人。

革命老区村——小参村（黄志鑫/摄）

第四章 小参村：粤赣门户、将名之家

　　著名的地理学家李见贤教授自小也是在小参村长大的，新中国成立后在广州中山大学地理系任教，早在20世纪50年代就发明了经国务院、教育部认定并命名的"见贤尺"，并受到了国务院与教育部的表彰，是世界闻名的地理学家。

　　因此，小参村素有"弹丸之地藏龙虎，五马归槽育将才"之称。

　　如今的小参村，因地处偏远，虽有省道经过，但其连接粤赣两省的交通地位远不如从前。不过，小参村回归相对的宁静，村民也悠然自得。

龙 川 古 村

LONGCHUAN GUCUN

第五章 大长沙村：聚族而居的理想地

龙川古村

每一个中国人都有一个桃花源梦。

对于客家人而言,有一块肥沃的盆地,一大家族人在此聚居,代代繁衍,这就是他们的桃花源梦。

在客家人的居住观中,好风水是找出来的,龙川县麻布岗镇大长沙村应是先民们寻找的好风水地:沙洲河从村中穿过,冲刷出一个盆地,屋子前面有河"环绕有情",这个平常的山间盆地正是客家人聚族而居的理想之地。

前清秀才王国家在大长沙所题的《大长沙八景》这么描写该村:

> 长沙一对鹅,雄马跳过河。
> 黄龙顺水走,老虎落深窝。
> 美女仰天睡,老人并壁坐。
> 古寺钟鼓敲,文峰镇妖魔。

第五章　大长沙村：聚族而居的理想地

这其中的"鹅""雄马""黄龙顺水""老虎落窝""美女仰天""老人并壁"等均是形势派风水术语。诗中用这些术语把各地形地貌写得活灵活现，也表达了村中人对自己人文生活的追求，更阐述了村中风水之佳。

大长沙村位于龙川县麻布岗镇中北部，东临本镇的龙池、瑚径两村，南连向前村，西接小长沙村，北靠阁前村，距镇政府驻地麻布岗圩约5公里。半山地半丘陵地形，由4个自然村组成，总面积19.5平方公里。村委会设在村中间古榕树旁，总人口4398人。

该村是麻布岗镇史载最早有姓氏定居的村落，早在1364年，王氏始祖由上坪迁来此开基。历经600余年，王氏已经发展成为当地一大宗族。现村内有王、黄、陈、杨四姓。据各姓族谱的记载，各姓先后落居大长沙村。最大的王姓于1370年（七十五世祖）迁居于此；随之而来的是黄姓，于1390年（八十世祖）；几年后，陈姓于1396年（八十五世祖）在此定居；杨姓最后来到，为1410年

大长沙劳作的村民（星海／摄）

（九十世祖）。各姓人口在几百年来发展不一，王姓已经有数千人，而少的姓氏仅有百余人。

村中的各姓先民在此繁衍生息、安居乐业。历经一代又一代人的累积，他们兴建了大量的祠堂、庙宇、屋舍、宝塔、书院和防御工事碉楼等。然而，物换星移，沧海桑田，许多古建筑在朝代的更替、动荡的年代中被毁。但悠久的历史至今仍给大长沙村留下了大量的文物古迹，如以缉槐祠、志用公祠、志高公祠和黄氏宗祠为代表的宗祠建筑，以汝尹公祠碉楼、大山厦碉楼和长祥碉楼等为代表的碉楼建筑，以"槐瑞流榕"王屋、"直方大"王屋和锡椴厦为代表的古民居，还有明代文峰塔和清代石拱桥以及村内纵横交错的石阶路等。大长沙古村风貌仍存。

第五章　大长沙村：聚族而居的理想地

 兴文风，教育改变命运

客家地区历来注重教育。在明代中期王阳明平定龙川、和平的地方动乱后，实施了一系列有助于地方社会安定发展的措施，其中就有兴科举，重文教！

文教之风的改变需要有一些仪式和象征，文峰塔就是特别重要的一种。

大长沙村的百姓对树立本村的文教之风下了大力气，先是在村东南的山上建了文峰塔，又名"峰塔"；之后在兴建的长盛桥边上又立了六合皇塔。

大长沙村的文峰塔（吴良生／摄）

六合皇塔（黄志金/摄）

　　文峰塔建于明代，坐东南向西北。楼阁式砖石塔，平面六角形，五层，高约23米，每层用五层青砖叠涩挑出短檐，上部灰塑瓦垄，每角有灰塑雉尾起翘。塔刹葫芦状。底层每边长4.24米。塔身每层正面设真门，二层以上五面设假拱形门。塔内壁有神龛。自第二层起有木棚板。该塔现在外墙批荡局部出现裂缝，主体保护较好。该塔是龙川县保存较完整的明代古塔，对研究明代当地砖石塔建筑和当地的人文历史具有一定的参考价值，1986年被列为龙川县文物保护单位。

　　六合皇塔位于龙川县麻布岗镇大长沙村。建于清代，坐东向西。砖木结构楼阁式塔，属于风水塔，平面八角，边长2米。三层，高约15米。每层有三层牙砖叠涩挑檐，檐上有灰瓦、灰塑瓦筒。一、二层塔檐角砌有红砂岩质狮子，第三层塔檐每角砌有吐水鳌鱼。塔刹葫芦状。塔内有木楼棚和木梯。

　　六合皇塔的意义是改变文风，立一个好风水，让村里的人树立起读书得功名的信心。这样，村落的风水格局逐渐完善。

　　当然，仅从风水的角度并不能

第五章　大长沙村：聚族而居的理想地

真正兴起文风，再好的风水没有实际的行动也不能实现。

在风水上下足工夫并不是只代表大长沙村的人很迷信，更多彰显的是他们对教育的重视，仪式与象征上重视了，实际行动也是很下本钱的。最典型的就是书院的设立。明清以来先后设有奇峰书院、方秀书院、文林书院、清雅书院和长和书院等。现在保留下来的有两家：锡嘏厦私塾和文林书院。

锡嘏厦私塾建于清代，坐东北向西南。主体四合院式布局，三层。总面宽21.3米，总进深12.9米，建筑占地面积274.77平方米。土木结构，外墙石墙，墙顶部五层青砖叠涩出短檐，内墙石墙基土砖墙体，硬山顶，灰瓦屋面，青砖灰沙混合地面。

书院的大门麻石门框，栊门，木门页。前厅后部有屏风，屏风有两根圆木柱。前厅及其他三层，后厅二层，均木楼棚。底层两侧有五房间，中间一天井。

另有一栋附属建筑，比私塾主体内缩约3米，墙体、屋面与主体相同，麻石门框，木门页，内有两厅、一天井、六房间。面宽约8

锡嘏厦私塾（吴良生／摄）

米，深9.9米，建筑占地面积约80平方米。因此锡嘏厦私塾总建筑占地面积354平方米。

就整个私塾而言，现今局部屋面漏水，部分木构件腐朽，主体保存状况一般，对研究当地清代文化教育史具有一定的参考价值，于2010年被列为龙川县文物保护单位。

文林书院也是建于清代，坐西向东。四合院式楼房建筑。总面宽10米，总进深10米，建筑占地面积100平方米。土木结构，石墙基，土砖墙体，硬山顶，灰瓦屋面，灰沙地面。麻石质大门框，前厅后部有两根圆木柱，中间一天井。有四房间，左侧有一楼梯上楼棚，木楼板。文林书院大门原有对联一副。该书院为清代举人王弼创建，新中国成立后曾做生产队粮仓。今书院左边屋面崩塌，部分砖墙崩损，总体保存状况较差，但对研究当地清代科举制度下的文化教育历史仍具有一定参考价值。

大长沙村这些兴文风、崇文重教的措施获得巨大回报，科举时代有举人10人，还有众多的贡生秀才。这种人文积淀也造就了大长沙村的古村胜景。

第五章 大长沙村：聚族而居的理想地

古建林立，碉楼保平安

大长沙村古建众多，至今保存有各式祠堂、围屋民居、碉楼、书院、古桥、古塔等数十处。其中最具特色的应是碉楼，村中保存较为完好的碉楼就有五座。

一、祠堂

大长沙村的祠堂基本不在围屋内，较为独立。现在保留比较完好的有以下几座：

缉槐祠

缉槐祠位于大长沙村长生自然村。建于清代，坐东北向西南。原格局为三进二横，今左横屋被拆建，右边早年加建一栋横屋。总面宽25.5米，总进深23米，建筑占地面积586.5平方米。

该祠土木结构，外墙鹅卵石墙，内墙石基，土砖墙体，硬山顶，灰瓦屋面，灰沙地面。屋前有一余坪、一照墙、一斗门（右边，门额墨书"天乙门"）。大门红砂岩质门框、门槛，木门页，门额墨书"缉槐祠"。上正厅正壁有壁龛；中正厅后部有屏风；下正厅后部有屏风。据村民介绍，该祠堂始建于清乾隆年间，原为民居，后被用作祠堂。

志用公祠

志用公祠位于长生自然村79号。建于清代，坐东北向西南。原建筑为三进二横一围龙，正屋上五下五布局。总面宽40.56米，总进深43.45米，建筑占地面积1235平方米。另外，屋前有一池塘和一余坪。

整座祠堂为土木结构，夯墙基，土砖墙体，硬山顶，瓦木屋面，灰沙地面。大门前檐有两根八角红砂岩质石柱承三步梁，红砂岩质门框、门墩、门槛，门额墨书"志用公祠"。上正厅正壁有王氏祖先神龛牌位；中正厅有四根圆木柱和屏风；下正厅后部有两根圆木柱和屏风。可惜的是，现除正屋外，其他建筑多已拆建。

志高公祠

志高公祠建于清代，坐北向南。原为三进四横客家方形屋，现存三进正屋，正屋上三下三布局。总面宽14米，总进深26米，建筑占地面积364平方米。

该祠是土木结构，青砖墙基，土砖墙体，硬山顶，灰瓦屋面，厅、房青砖灰沙地面，天井鹅卵石地面。整座祠堂共计有三厅、二天井、九房间，另外祠堂前有一余坪、一半月形水塘。

祠堂大门红砂岩质门框、门墩、门槛，木门页，门额墨书"志高公祠"。

上厅前檐两根圆石柱承梁，红砂岩质柱础，八面，每面雕刻有花草祥云图案；中厅四根圆木柱，石柱础，前两柱有侧屏，后两柱有木屏风；下厅后部一青砖券拱门。后部二柱承梁，有木屏风，正壁前有王氏先祖牌位，屏额"三槐堂"。

黄氏宗祠

黄氏宗祠位于大长沙村明星自然村。建于清代，坐南向北。原建筑部分已崩毁，现存二进正屋，一斗门（左）、一牌坊，祠堂前面有一个半月形水塘。

该祠堂总面宽15米，总进深22米，建筑占地面积330平方米。其左前方有一斗门，斗门额石匾阴刻"翰墨流芳"，左款"雍正十一年癸丑科联捷进士钦点二部屯田清吏司黄沄敬书"。正面有一牌坊，坊青砖墙体，上有石质斗拱，琉璃瓦面。牌坊右边有一门楼，红砂岩石门框，门框上方雕刻有龙头，下有卷云雀替，门额阴刻"黄氏宗祠"，门额上方三层红砂岩质石斗拱，红砂岩质石屋面。祠堂的上正厅正壁前有黄氏先祖神龛；下厅有六根圆木柱，石础，有屏风。

二、碉楼

提起碉楼，很多人会想起世界文化遗产——开平碉楼。其实南方地区，特别是山区各地均有碉楼。

客家地区的碉楼数量并不多，分布也不广，这是因为客家围屋本身的防御性就很强，特别是土楼、四角楼。客家地区有碉楼分布的地区主要有两个，一个是南雄、始兴一带，另一个就是龙川。而龙川的碉楼又主要分布在北片。

与南雄、始兴的碉楼不同的是，龙川的碉楼顶上没有四个突出的角，大部分还有楼上楼——顶上还有一座小楼。

大长沙村的碉楼数量在龙川各村中为之最，这些碉楼的共同特点就是全由石头砌成，窗户小，易守难攻！一旦有外敌入侵，村中人即带着细软物品躲入碉楼，而碉楼平时也已经存好粮食，以备长期作战之用。

大长沙村的碉楼主要有以下几座：

汝尹公祠碉楼

汝尹公祠碉楼位于长生自然村。建于清代，坐西南向东北。面宽10.60米，进深9.10米。建筑占地面积96.46平方米。

该碉楼为木石结构，灰石墙体，六层，高约13米。麻石门框，木门页（包铁皮），内有木楼梯、木楼板，每层外墙有瞭望窗、射击孔。第五层墙头有五层青砖叠涩出檐，上盖灰瓦，屋脊角有灰塑凤尾起翘。第六层比其他五层窄，灰瓦屋面。碉楼墙厚壁坚，防御性较强。如今，该碉楼墙体局部出现小裂缝，楼板和楼梯部分腐损。

大山厦碉楼

大山厦碉楼位于长虹自然村89号。建于清代，坐西北向东南，平面呈长方形，碉楼外原有一附楼，现已崩毁。该碉楼面宽7.5米，进深8.5米，建筑占地面积63.75平方米。

该碉楼是木石结构，灰石墙体，四层，高约12米，墙厚0.62米，顶层墙头有五层青砖出挑成檐，灰瓦屋面。红砂岩质石门框，铁皮包木门页。楼内有木楼棚和楼梯。外墙身每层都有瞭望窗、射击孔。

新围碉楼

新围碉楼位于大长沙村明星自然村新围。建于清代，坐北向南。平面呈长方形，面宽9.8米，进深9.5米，建筑占地面积93.1平方米。木石结构，五层，高约13米，灰石墙体，楼墙顶五层青砖出挑成檐，灰瓦屋面。屋脊角有灰塑凤尾起翘。每层外墙有瞭望窗和射击孔。大门麻石门框，木门页。楼内每层有木楼板、木楼梯。炮楼底层有水井一口。炮楼正面约50米处有一古榕。

兴华第碉楼

兴华第碉楼位于大长沙村长联自然村35号。建于清代，坐北向南。平面呈长方形，面宽8.5米，进深8米，建筑占地面积68平方米。

该碉楼为木石结构，五层，高15米。灰石墙体，硬山顶，灰瓦屋面，青砖地面。楼身墙顶有五层青砖叠涩出檐，楼顶屋脊两角有灰塑凤尾起翘。每层外墙都有瞭望窗和射击孔，内有木楼板、木楼梯。碉楼旁边有客家民居"兴华第"，但此屋已损毁严重。

第五章 大长沙村：聚族而居的理想地

兴华第碉楼是古时当地村民为防战乱和匪盗而建，墙厚壁坚，防御性能强。而今，局部屋面漏水，部分桁、桷和木楼板等木构件腐损。

长祥碉楼

长祥碉楼位于大长沙村长生自然村。建于清代，坐东南向西北。平面呈正方形，面宽11米，进深11米，建筑占地面积121平方米。

该碉楼是木石结构，灰石墙体五层，墙厚0.8米，外墙身有射击孔，二至五层有瞭望窗。六层总高约15米，顶层为楼阁式小亭。

首层有一井，大门开在第二层，门麻石门框，铁皮包木门页。二至五层木楼板，有一厅、四房间，东北角有木楼梯。第五层墙头有五层青砖叠涩出檐，上盖灰瓦，四角有灰塑凤尾起翘。第六层（顶层）屋面盖灰瓦，土砖墙，屋脊有灰塑凤尾起翘。

由于此碉楼保存状况较好，对研究清代民间的防御与匪患有很高的价值，2010年被列为龙川县文物保护单位。

碉楼顶部（黄志鑫/摄）

三、民居

大长沙村的民居与祠堂相对分离,建筑以四角楼和府第式为主,但中间仍有祭祀的空间。

锡嘏厦

在村中众多的民居中,锡嘏厦最为特别,不仅面积大,其文化内涵也比较突出。其名字来源于《诗经·小雅·宾之初筵》:"锡尔纯嘏,子孙甚湛。"代表着主人建此宅时的美好的人文愿望。

锡嘏厦建于清代,坐东向西。客家方形屋,三进三横(左二横),正屋上五下五格局。总面宽54.7米,总进深27米,建筑占地面积1476.9平方米。土木结构,夯墙基,土砖墙体,硬山顶,灰瓦屋面,灰沙地面。有十二厅、二南北厅、八天井、三十九房间、一余坪、一矮围墙。

该厦大门前檐有两根八角红砂岩石柱承三步梁,梁架有金漆雕刻龙凤、鸟雀和花草图案。红砂岩质门框、门墩,门额上方嵌红砂岩质

第五章　大长沙村：聚族而居的理想地

锡嘏厦（吴良生／摄）

锡嘏厦大门（吴良生／摄）

锡嘏厦上的木雕（吴良生/摄）

石匾一块，阳刻"锡嘏厦"三字，匾框阳刻缠枝花草图案。下正厅后部有两根圆木柱和木屏风，后檐有两根方石柱承三步梁，柱面阴刻对联一副，上联"曰旦曰明举念勿忘天理"，下联"为忠为孝克家须绍宗风"；中正厅前檐有二根圆木柱承梁，有侧屏；后部有屏风，屏风有二圆木柱；正脊下大梁、二梁和前檐挑梁、封檐板均有金漆雕刻龙凤、花草等图案；上正厅正脊下大梁有金漆雕刻双凤朝阳和祥云图案。

这座民居建筑比较有特点的是在前面的瓦下梁顶用的是大碗木刻，这是其他客家地区建筑中少有的。

该屋由于建筑规模较大，木雕刻工艺水平较高，对研究当地清代客家民居建筑有较高的参考价值，2010年入选为龙川县文物保护单位，2011年7月被列为河源市文物保护单位。

大田王屋

大田王屋位于大长沙村大田自然村。建于清乾隆二十九年（1764年），坐东南向西北。客家围龙屋，三进二横一围龙，正屋上五下五格局。总面宽40米，总进深26米，建筑占地面积1040平方米。

该屋土木结构，青砖墙基，土砖墙体，硬山顶，瓦木屋面，厅灰沙地面、廊道、天井鹅卵石铺砌。有九厅、六天井、五十二房间、一池塘，左前方一斗门、一碉楼（斗门左侧，五层）。大门前檐有两根圆木柱承三步梁，红砂岩质门框、门墩、木门页。下正厅后部有屏风，屏风有两根圆木柱；中正厅有六根圆木柱，前檐两根木柱承梁，挑梁下角有鱼尾苍鹰雀替，有侧屏，石础直径0.56米，八面，每面雕刻兔、羊或龙等生肖图案，上面雕缠枝花草图案，上角有圆钮，后四柱有屏风；上正厅正壁前有神龛，龛额书"三槐堂"。

该屋的横屋及围龙部分建筑被拆建，正屋前厅墙体风化严重，批荡脱落，总体保存状况较差。

维新第

维新第位于大长沙村长生自然村。建于清代，坐东北向西南。客家方形屋，二进二横，正屋上三下三格局。总面宽31米，总进深16.7米，建筑占地面积517.7平方米。土木结构，石墙基，土砖墙体，硬山顶，灰瓦屋面，灰沙地面。六厅、三天井、二十二房间、二南北厅、一余坪、一围墙。

该屋大门前檐两根方石柱承三步梁，梁架有金漆雕刻龙、云、花草图案。石质门框、门墩、木门页。下正厅后部有屏风，屏风有两根圆木柱；南北两厅木质屏门雕刻有鲤鱼、狮子等图案；上正厅正脊下正梁底面有金漆雕刻龙凤、花草图案，正壁前有王氏先祖神龛。

长祥楼

长祥楼位于大长沙村长生自然村。建于清代，坐东北向西南。客家方形屋，三进二横，正屋上五下五布局。总面宽38.5米，总进深35米，建筑占地面积1347.5平方米。

该楼为土木结构，灰沙夯墙基，土砖墙体，硬山顶，灰瓦屋面，厅房灰沙地面，天井青砖地面。有九厅、六天井、三十四房间、一余坪，左前方一碉楼。大门前檐有两根方木柱承三步梁，梁架有金漆雕刻花草、龙、云等图案，木质门框、门页，红砂岩门墩。下正厅有木楼棚，后部有屏风，屏风有两根圆木柱；中正厅前檐有两根方木柱承梁，后部有屏风；上正厅较简朴，桁梁少雕饰。

"槐瑞流榕"王屋

"槐瑞流榕"王屋位于大长沙村榕树下。建于清乾隆二十五年（1760年），坐东向西。客家围龙屋，四进二横一围龙，正屋上五下五布局。总面宽44.8米，总进深43.45米，建筑占地面积1946平方米。土木结构，灰沙夯墙基，土砖墙体，硬山顶，灰瓦屋面，灰沙地面。计有九厅、九天井、六十房间、一斗门、一门坪。

该屋大门为红砂岩质门框，门额石匾阳刻"槐瑞流榕"，上款"乾隆二十五年庚辰岁吉旦"，下款"监生王元东、王锡爵兄弟全立"。下正厅有木楼棚，后部有一屏风，屏柱圆形，上部为木质、下部为石质，石柱础；二正厅有六柱，前二柱为平面八角形石柱，后四柱上部木质，下部石质，前四柱承三架梁；三正厅有八柱和木楼棚，前四柱三架梁，柱均为上部圆木，下部石质、石础；上正厅有望瓦棚。屋的各正厅正脊下正梁及挑梁、梁架有金漆雕刻龙凤、花草等图案。

本屋总体上讲，建筑规模较大，厅堂宽敞，工艺水平较高，可惜部分建筑已崩毁。

安全第

安全第位于大长沙村长联自然村。建于清代，坐东向西。客家方形屋，二进二横，正屋上五下五布局。总面宽36米，总进深29米，建筑占地面积1044平方米。土木结构，石墙基，土砖墙体，硬山顶，瓦木屋面，灰沙地面。计有六厅、三天井、二十八房间、一余坪、二斗门、一围墙。

大门檐有两根八角形红砂岩质柱承三步梁，梁架有金漆雕刻龙凤、花草等图案。麻石质门框、门墩，栊门，木门页。上厅有楼棚，后部有木屏风，有通向横屋廊门，但其左斗门楼屋面部分崩毁了。

荣蔚第

荣蔚第位于大长沙村长联自然村68号。建于清代，坐东向西。客家方形屋，三进四横，正屋上五下五布局。总面宽50米，总进深29米，建筑占地面积1479平方米。

第五章 大长沙村：聚族而居的理想地

该屋为土木结构，灰沙夯墙基，土砖墙体，硬山顶，灰瓦屋面，正屋灰沙地面，横屋廊道鹅卵石地面。计有十天井、十五厅、六十房间、一余坪。大门前檐有两根圆木柱承三步梁，木门框，石门墩。下正厅有木楼棚，后部有屏风，屏风有两根圆木柱；中正厅后部有屏风，屏风有四根圆柱。

整个建筑规模较大，工艺较朴实，现今局部屋面漏水，部分墙体批荡脱落。

花鹤楼

花鹤楼位于大长沙村长联自然村。建于清代，坐东北向西南。二进二横，正屋上五下五布局。总面宽32米，总进深17米，建筑占地面积544平方米。土木结构，外墙灰石墙体，内墙石墙基、土砖墙体，硬山顶，灰瓦屋面，正屋前檐有琉璃滴水，灰沙和青砖混合地面。计有六厅、三天井、二十二房间、一余坪、一斗门、一围墙。大门前檐有两根方红麻石柱承梁，有卷棚。梁架、垫木和挑梁有金漆雕刻龙凤、人物和花草等图案。红麻石质门框、门墩，木门页，桄门。下正厅有木楼棚，后部有屏风；上正厅正脊下大梁、二梁有金漆雕刻龙凤和祥云图案，墙面绘有缠枝花草图案。然而，其右横屋后部屋面被拆毁，正栋保存较好，木雕工艺水平较高。

九如第

九如第位于大长沙村长联自然村。建于清代，坐东向西。客家方形屋，三进二横，正屋上五下五布局。总面宽38米，总进深45米，建筑占地面积1710平方米。土木结构，灰沙夯墙基，土砖墙体，硬山顶，灰瓦屋面。正屋灰沙地面，横屋天井和廊道鹅卵石铺砌。共计有九厅、六天井、二十四房间、一斗门、一余坪。大门前檐有两根方红砂岩石柱承梁，挑梁和柱承梁有金漆雕刻鲤鱼跃龙门、龙凤花草等图案。红砂岩质石门框、门墩，木门页。下正厅有木楼棚和木屏风，屏风有两根圆木柱，后檐有两根方形石柱承双架梁；中正厅前檐有两根方石柱承三架梁，后部有屏风，屏风有两根圆木柱；上正厅正脊下正梁二梁均有金漆雕刻图案及文字。

直方大王屋

直方大王屋位于龙川县麻布岗镇大长沙村长星自然村。建于清代，坐西北向东南。客家方形屋，三进六横，正屋上五下五布局。总面宽69米，总进深43米，建筑占地面积2967平方米。

该屋土木结构，外墙灰沙夯墙，内墙灰沙夯墙基，土砖墙体，硬山顶，灰瓦屋面，灰沙、青砖混合地面。计有二十一厅、十四天井、七十六房间，余坪左、右各有一仪门，左横屋前有一斗门，斗门外有一碉楼，余坪左右各有石桅杆一根，余坪前有一半月形池塘。大门前檐有两根八角红砂岩石柱承双步梁，挑梁、梁架有金漆雕刻龙凤、花草等图案。红砂岩质门框、门墩，木门页，门额墨书"直方大"。下正厅有木楼棚，后部有屏风；中正厅前檐两根方红砂岩石柱，有侧屏，檐廊有卷棚，后部有屏风，卷棚和正脊下大梁、二梁有金漆雕刻龙凤、花草等图案，还有《西游记》主题的木刻；上正厅正壁前有王氏先祖神龛。

直方大王屋（吴良生/摄）

第五章　大长沙村：聚族而居的理想地

大方直屋梁上的《西游记》木雕（吴良生／摄）

该屋规模较大，建筑工艺特别是木雕刻工艺水平较高。今前栋正屋右部房间被拆建，右边第三栋横屋屋面已毁，碉楼仅剩墙体，石桅杆部分受损，其他建筑则基本完好。

新围黄屋

新围黄屋位于龙川县麻布岗镇大长沙村明星自然村新围。建于清代，坐南向北。客家方形屋，二进二横，正屋上三下三布局。总面宽29米，总进深38米，建筑占地面积1102平方米。土木结构，灰沙夯墙基，土砖墙体，硬山顶，灰瓦屋面，灰沙地面。共计有六厅、三天井、十八房间、二斗门、一余坪。大门前檐有两根圆形红砂岩石柱承三步梁。挑梁、梁架有金漆雕刻龙凤、花草图案。红砂岩质门框、门墩，木门页。门墩侧面雕刻有龙和狮子浮雕图案。下正厅有楼棚和屏风，后部重檐；上正厅前部重檐，有两根圆木柱梁，有侧屏，前檐廊有卷棚，后部有屏风。屏风和正脊下大梁有金漆雕刻龙凤、花草图案。该屋左横屋基本崩毁，仅剩半墙，右斗门被拆建新房。

如今，这个有着完整的客家古村落功能的村子已经成为龙川历史文化瑰宝，期待更好的保护。

龙 川 古 村

LONGCHUAN GUCUN

第六章 黄岭古村：文风起兴数百年

龙川古村 LONGCHUAN GUCUN

古村一景（颜朝兴／摄）

倘若没有了可传诵、传承的精神文化，再多的老建筑也不会成为古村落。每一个客家县区，总有若干个村子文风标榜、人才辈出，为邑人所颂扬。黄岭村之于龙川，就是这样一个当之无愧的福地。

如果在龙川找一个古建筑数量、体量，加之有足够的人文厚度的村子，首先应该是黄岭村。如果不是因为近些年富裕起来的百姓在周边建新房太多，作为一个古村落，黄岭村必名扬客家世界。而这一切，都源于叶氏家族文化的繁盛。

第六章 黄岭古村：文风起兴数百年

"嘉庆院试惠州府，黄岭一榜五秀才"

嘉庆七年（1802年），原本就熙熙攘攘的北京城突然出现了很多年青人，他们是进京赶考的举人。这其中就有来自广东省龙川县一个小山村的叶铭熙。叶铭熙自小勤奋好学，聪明过人，每次考试均名列前茅。此时的他已经改名为铭龄，因康熙皇帝有个"熙"字，为避讳所以改名报考。

嘉庆皇帝上位七年，政局已定，正想选拔一批贤才大展宏图。叶铭熙本来就才华横溢，刚好那年的考官又是他的老师。在评卷时看了铭龄所写的文章，觉得风格、文采与他的学生铭熙所作完全一致，但名字不符，误为铭熙兄弟。经与其他监考官商议后，报呈皇帝。最后，皇帝同意钦定其为壬戌科"三甲进士"。叶铭熙和另一位龙川籍进士巫三祝的"进士题名碑"，仍存于北京国子监博物馆。

考中进士之后不久，他被派往直隶省巨鹿县任县令，而巨鹿县真定（现河北省石家庄市正定县）正是曾任首任龙川县令的南越王赵佗的故乡。叶铭熙对于能在南粤王赵佗故里任职深感荣幸，自感责任重大。于是竭尽心力，勤政于民，政绩斐然。由此，他很快荣升为黄河太守，治理黄河流域水患。在任期内也是兢兢业业，黄河水患得到了很大缓解。

叶铭熙，字锡瑞，号西屏，约1782年出生于黄岭，现今村里的"岭丰24号叶屋"，又称"高岩屋""进士屋"，就是被黄岭人称为"进士公"的叶铭熙的出生地。

年迈告老还乡后，叶铭熙回黄岭定居，育有五子。他与同为秀才的三个弟弟一起在黄岭村建造了一座三进四横的新居——祖芬叶屋。传说大厅落成之时，朝廷委派"内阁学士兼礼部侍郎监管乐部事务戴均元、内阁学士兼礼部侍郎正黄旗蒙古副都统王麟、都察院左都御史熊仗、经筵讲官礼部尚书文渊阁领阁事纪昀（纪晓岚）等四位大员，携带嘉庆皇帝亲笔题写的"进士第""恩荣""文魁"等匾额亲临祝贺。当然，这仅是个传说，代表了当地百姓对自己祖先荣耀的自豪。当地人说，这整座屋建成用了近十年的时间，建筑的一些用料也十分考究，其中一些用料还是千里迢迢、不辞辛苦从别的地方经过水、陆辗转运来，其中建筑所用的青麻石就来自和平县。

现在祖芬叶屋里还保存着一块题有"恩荣"二字的木匾。有人推断，这是叶铭熙中进士后朝廷恩赐之物。在祖芬叶屋还看到两块断匾，其中一块依稀能辨出"监临兵部侍郎兼都察院右副都御□□广东地方提督军务兼理粮饷陈大文"字样。另外一块断匾上有一个大字"兴"，落款为"诏授资政大夫内□□士兼□郎加三级侍生吴烜顿首拜"。

黄岭村位于龙川县丰稔镇西部，始建于明朝，兴盛于清末民初。它的地形是后山高，山连着山，好似一棵开着石榴花的树，高山的下面小山成群，又好像梅花落地，故黄岭原来取名梅岭村。又由于该地树木稀疏，地表黄土裸露，就索性将村名改为黄岭。2010年，黄岭村有居民780户，总人口4600多人，其中叶姓人口最多，现古村建筑基本为叶氏家族所有。

据村内各姓族谱记载，1506年，饶姓祖先从江西迁徙至黄岭，叶姓祖先约于1520年从龙川县通衢镇迁来，此前曾有王、蓝、马、李等姓氏的人居住。

黄岭文风鼎盛，人文荟萃，其中尤以叶氏为甚。据不完全统计，明清时期，总面积14.3平方公里的黄岭村里，叶氏共有100多人考取秀才以上功名。是故，龙川县有"黄岭秀才多过狗"之俚语（那时

第六章 黄岭古村：文风起兴数百年

"屏潘中外"匾额（颜朝兴／摄）

候，黄岭的大户基本上每家都有秀才以上功名者，但是，不见得每家都会养狗，所以，才有"黄岭秀才多过狗"的戏称）。

在黄岭村，有一两句妇孺皆知的话："进士秀才连三代，一屋考出十秀才。""嘉庆院试惠州府，黄岭一榜五秀才。"据黄岭村退休教师邹海林的考证，前一句指的是叶铭熙的父辈及三个弟弟、两个儿子、五个侄子都考中秀才，还有两个九品军功，黄岭村百连坳大屋共考中十位秀才；后一句是指，嘉庆年间惠州府院试，黄岭村五名童生赴考，一榜中了五个秀才。在众多考取功名的文人中，最为卓著者当属清嘉庆七年进士及第的叶铭熙。

除了叶铭熙，在黄岭曾考取过功名的人有很多，在民国时期，也有人出任龙川县县长、省参议员、县参议员等职务。村中还不乏奇人，有着"广东第一针"称号的叶洪锦就是其中的一个。

叶洪锦，男，约1800年生，黄岭寨人。自小习武，学有一身好武术，擅长矛铝针等武器。传说还学有一套飞天术，两肋夹着一顶斗笠，可飞行数十里。他长期闯荡江湖，靠表演武术为生。

有一年，叶洪锦在省城（广州）看到一张告示，上面写着"拳打广东一省，脚踏苏杭二州"，落款是江西牛肚里。叶洪锦看后很气愤，一个箭步就将告示撕下，用告示纸包了两斤牛肉就走。当时在场的人都替他捏了一把汗，并相互转告。

牛肚里知道这件事以后找到叶洪锦，问其为何要撕他的告示。叶洪锦说："你那张告示不就是要找人比武吗？我撕你的告示就是要与你比武，我要为广东人争气、争光。"牛肚里说："好吧，择日见死活。"叶洪锦当即答应，并确定择日择地进行比武。

比武那天，上万人在台下观看，官府也派出数百名官兵维护秩序。擂台搭成"梅花桩"，牛肚里使用的武器是钩镰，叶洪锦使用的武器是铝针。比赛开始，双方的武艺都非常高强，打斗很惊人。打了几十个回合，仍难分胜负。在最后决胜的紧要关头，牛肚里的钩镰挂在叶洪锦项背，而叶洪锦的铝针指在牛肚里的咽喉，双方若一动，各自都会丧命。在持续数分钟后，兴宁县的一名观众大声说："广东人黄牛退轭。"叶洪锦灵机一动，将头一缩，铝针直插对方咽喉，牛肚里当场毙命。

另有叶善初状师为民打官司也是村中流传的大快人心的故事。那是清朝末年，黄岭百连坳有个秀才叶善初，曾在韶州府做状师。有一年冬天，曲江县衙派人骑马去马坝等农村追缴公粮，他们到达后，将马放到田里吃麦苗，农民看到后敢怒不敢言。叶善初恰巧路过，有认识他的村民将此事告诉他。叶善初去现场察看后十分生气，突然心生一计，叫农民将官马打死，并写了一纸状文，内容是："官马吃民粮，民失手打一枪，官要民赔马，民要官免粮。"然后对村民说："你们把状纸呈送韶关府，我会替你们做主的。"

韶关府接到诉状后，派人到曲江县马坝村调查，证明情况属实，遂将曲江知县叫来训斥一顿。因为当时免缴公粮权限仅在广东省，韶关府无法定案，事情就不了了之。曲江县衙不敢要农民赔马，当年的公粮也不再追缴。

第六章　黄岭古村：文风起兴数百年

 星罗棋布的老屋

一、古民居

即便历经几百年的风雨沧桑，黄岭村至今仍保存100多座古民居，其中一部分民居被列为龙川县文物保护单位。黄岭的古民居主要分两大类，一为客家围龙屋，如古亭前儒林第、塘子背叶屋等；二为客家方形屋，如梅塘角叶屋、珠树分荣叶屋等。

黄岭的古民居大部分建于明朝末年至民国初年，这里的客家民居建筑既有府第式建筑也有一般的土木结构，现保存完整的有20多座。每座建筑都有厅、房、天井、走廊等。上厅是客家人供奉神仙和老人百年归寿后暂放供后人祭祀的场所，中厅是家族议事以及接人待客的地方，前厅多为过道；房间分为主人房、厢房、书房、角楼、厨房、澡房等；另外还有走廊、巷子、斗门以及后花园。这些民居建筑选址考究，设计合理，装饰精美，工艺精湛，同时受天人合一、阴阳思想、风水思想、对称思想、家族（宗族）观念等的影响。它们之中最具代表性的有梅塘角叶屋、水前下叶屋、塘子背叶屋、祖芬叶屋、古亭前儒林第、珠树分荣叶屋等。

梅塘角叶屋

梅塘角叶屋位于黄岭村红梅梅塘角，是民国初年龙川县长叶屏周的祖屋，2010年被列为龙川县文物保护单位。该屋始建于清代，坐西北向东南，总面宽41米，进深33米，建筑面积1353平方米；是客家方形屋，三进二横格局，正屋按上五下五布局，左横屋前后部和右横屋

后部都有三层的角楼。

该屋主体是土木结构,外墙灰沙夯墙,墙基则是土砖墙体,灰沙地面,灰瓦屋面。整栋房屋有九个厅、六个天井、三十八房间和二斗门。屋前则有一余坪,一照墙和一半月形水池塘。大门前檐是两根八角红砂岩石柱承五步梁,梁架有金漆雕刻龙凤、花草等;下正厅后部有屏风,屏匾额"屏藩中外",正脊下大梁、二梁均有金漆雕刻龙凤、花草等图案;中正厅前檐是两根方形红砂岩石柱,有卷棚和侧屏,厅后部有屏风,屏额扁"鸣岐堂"。厅前檐和正脊下大梁均有金漆雕刻龙凤、花草等图案。

上正厅正脊下大梁、二梁均有金漆雕刻龙凤、花草等图案,正壁前有"仙人桥"。

古亭前儒林第

儒林第位于黄岭村古亭前,建于清朝嘉庆十二年(1807年),坐北向南,典型的客家围龙屋,三进二横一围龙,正屋上五下五布局。

珠树分荣叶屋（颜朝兴/摄）

总面宽35米，总进深41米，占地面积1435平方米。土木结构，内外墙均为灰沙夯墙，土砖墙体，硬山顶，灰瓦屋面，灰沙地面，计有九厅、六天井、五十一房间。屋外有一余坪，一水塘。大门前檐一梁，红砂岩质石门框、门槛、门墩，木门页，枨门。

下正厅后部有屏风；中正厅前两根八角红砂岩质石柱承一梁，有侧屏，后部有屏风。正脊下大梁底有"嘉庆十二年建造"文字（现在已经看不清）。

珠树分荣叶屋

珠树分荣叶屋位于黄岭村曲江，建于清末，坐东北向西南。该屋属于客家方形屋，三进两横，正屋上七下七布局，横屋四角楼，角楼四层。总面宽38.3米，总进深34米，占地面积约1302平方米。土木结构，外墙石墙，内墙墙基是石墙，墙体是土墙，硬山顶，灰屋瓦面，灰沙地面。有九厅、十二井、五十四房间。屋前有一照墙、一余坪、一半月形水塘。

珠树分荣叶屋门楣上的石雕（颜朝兴／摄）

　　大门前檐两根方形青麻石柱承五步梁，梁架有金漆雕刻龙凤、花草、祥云等图案。青麻石质门框、门槛、门墩，木门页，枨门。门额上方石刻两块，上石阳刻"珠树分荣"四字，下石刻有双狮、书卷浮雕。门墩正面浮雕金蟾吐祥云图案，侧面浮雕莲花图案。

　　下正厅正脊下大梁有金漆雕刻龙和祥云图案，后部有屏风。

　　中正厅前檐四根红砂岩石柱承三架梁，有侧屏，后部有屏风。正脊下大梁、二梁、柱承梁均有金漆雕刻龙凤、花草、祥云等图案。

　　上正厅正脊下大梁、二梁均有金漆雕刻双凤朝阳、龙和祥云等图案。

　　据村民介绍，此屋已经有百余年的历史，建造者清末经商致富，后入仕途，曾为龙川县财政主官。建造此屋颇费钱财和时间，用料极为考究，单其青麻石材料就产自和平县，经水陆两路辗转运来。

　　该建筑整体保存较好，局部屋面漏水，2010年被列为龙川县文物保护单位，2011年7月被列为河源市文物保护单位。

第六章　黄岭古村：文风起兴教百年

二、碉楼

碉楼，在本地又称"炮楼"。黄岭村有两座碉楼，一座是历时两年工期的下村炮楼，于咸丰四年（1854年）由高栏头叶百辉（字青峰）牵头用公田田租的资金修建；另一座是历时三年工期的水谦楼，建于同治十三年（1874年）。

下村炮楼

下村炮楼位于高栏头，水沥头埂头，坐西向东，占地面积约200平方米，建筑面积约600平方米，高约8米。整个炮楼是三层石木结

下村炮楼（颜朝兴／摄）

构楼房，墙角用石砖砌成，高约2米，再用石灰夯墙（石灰中墙）到顶。石木结构的大门，楼内有一厅四个房间，内墙用泥砖砌成，地板用石灰夯平。炮楼主要是用于防范土匪、兵匪，如果遇到土匪来袭，全村躲进炮楼内防御，里面存放的粮食足够全村人坚持半年。

新中国成立后，炮楼由村政府征收。1956年成立高丰农业合作社时，曾以炮楼为社址办公，因顶层出现裂缝而改建为两层。另开大门向南，内设大厅一个。改造后有两层四个厅，四个房间，木质楼梯。20世纪60年代高丰大队设队址和俱乐部、文化室于此。1967年炮楼下放分给红心队水沥头屋作为粮食仓库。改革开放后，由于包产到户，各户均在家中储存粮食，炮楼就再无人使用、管理，里面的一些木板也被偷光，但外墙保存完好。

水谦楼

水谦楼位于黄岭村红塘一个低矮的山丘上，建于清代，坐北向南，独立院式布局。总面宽21米，总进深20米，首层建筑占地面积420平方米。内外墙均为灰沙夯墙，基土砖墙体，灰瓦，五层，墙厚0.5米，总高14米。外墙第二层以上有许多瞭望窗和射击孔。

大门红砂岩质门框、门槛，木门页，枨门。进门一大厅，中间一天井，天井中间一水井（已被填平），两边为房间，每边有七个房间，门前有廊道，后部有一大厅。前厅有一个做传统米粉丝用的石臼，后厅有一个榨油用的工具，村民称之为"油树房"。大门左前方有一楼梯间。二层以上均为木楼棚，和首层一样，有前后两厅、两排房间、一个楼梯间以及廊道。二至五层之间的廊道由木板铺成，中间有一根红砂岩质石柱支撑。碉楼总计有九厅、六十五房间。

三、祠堂

祠堂是一个村落存在的集体性记忆，承载的是民众尊祖敬宗的情结。黄岭全村一共有7座祠堂：叶氏的有6座，它们是泮头叶氏祠堂、黄孙堂祠堂、河塘祠堂、社前祠堂、麦湖祠堂、黄岭寨祠堂；饶氏的

第六章 黄岭古村：文风起兴数百年

泮头叶氏祠堂（颜朝兴／摄）

1座，即下饶祠堂。

泮头叶氏祠堂修建于清代，2003年由村里集资重修。重修后的祠堂坐北向南，三进一横格局，总面宽23米，总进深23.5米，建筑占地面积540.5平方米。整个祠堂是土木结构，砖墙，金黄色琉璃瓦屋面，硬山顶。正屋正脊有琉璃质双龙戏珠，垂脊有琉璃翘起。祠堂的正面有两个门，左边是大门，右边为小门。大门是红砂岩质门框、门槛、门墩和木质门页，门上刻有两副对联"春回狮醒，运转龟灵"和"榴花科甲今如古，果叶冠裳昔在兹"。门前有石狮一对，门外有一坪和两个水塘。

　　祠堂天井前面和两侧墙上有瓷画；中厅前檐是两方红砂岩质石柱承梁，有侧屏，后面有屏风；石柱上刻有对联"脉发芽梳峰照笔架，移似莲叶地落梅花"；上厅正壁前陈置着神龛和叶氏先祖神灵牌位。

　　据《黄岭村志》记载，老的泮头祠堂是定居在黄岭的茂贵公嗣孙修建。祠堂背后有一座小山形似乌龟龟背，而远处的栗子头山则像一片莲叶。从牛牯岭寨远看，栗子头山和祠堂背后像一片莲叶遮着一只乌龟，因此泮头祠堂有"莲叶遮龟"之美称。祠堂原先是客家围龙建筑，坐北向南，占地面积约1200平方米。祠堂的大门用石条做门框，门页用硬质木材做成。门边有两座石狮，门前有两口大鱼塘，一大一小。据说，以前祠堂前的两口水塘（风水池），早上7点到下午2点祠堂里的水从大池塘流向小池塘，水位变化一寸；下午2点到次日早上7点，水从小池塘流到大池塘，水位变化一寸，如此不断循环往复。可惜的是这种奇观现在消失了。

　　祠堂内分为上厅、中厅、下厅和上下天井。上下厅两侧有四个房间，大门侧有两个房间，两横屋，整个围龙有三十多个房间。围龙前面铺满鹅卵石，俗称"化胎"。化胎主管男丁，是宗族生育聚气之处，故有"千斤门楼，万斤化胎"之意。祠堂门坪竖有二十多根石柱，上面刻有历代考取的功名和官衔。每考取一个，竖碑一块，谓之"树碑立传，光宗耀祖"。每年腊月三十日（月小二十九日）开始拜祖，村民备好贡品、鞭炮、香烛等到祠堂参拜。正月十五元宵节时则在祠堂内为上一年的男嗣上灯，称为"添丁"。平时婚丧喜庆之日也有到祠堂参拜的习惯，每次修祖坟会在祠堂集中拜祖、聚餐，每年外出乡贤、叶氏有识之士也会到泮头祠堂烧香点烛，以求添丁发财阖家平安。

　　新中国成立后，泮头祠堂部分房产被作为封建财产分给农民，祠堂只剩下两栋一照半门楼作为公共财产。"文化大革命"期间，祠堂被当作"四旧"遭到破坏，门前二十多根石柱被打断，有的抬去做桥板，有的抬到河边做石阶洗衣物。祠堂内外的画像、雕刻、神位、石狮、字画等都遭到不同程度的破毁，而春节拜祖、元宵节添丁上灯也被迫停止。

改革开放后，人们对纪念先祖有新的认识，每年的参拜祖宗、元宵节上灯活动得到恢复，并于2003年集资重修了祠堂。以前祠堂对面是没有缺口的，由于村里修路挖出了缺环，为了保持风水就在缺口前面种上竹子。

 马灯风情

除了古建筑、古文物之外，黄岭还有著名的风俗表演《马灯》。黄岭马灯从一百多年前，每逢春节期间都有在本地附近走村串户演出的习惯，同时还赴老隆、义都四都、龙母、赤光、附城、铁场、和平县等地表演。

马灯表演

第六章 黄岭古村：文风起兴数百年

　　黄岭《马灯》在龙川县乃至整个河源市都是比较有名气的，主要有马灯小姐（旦）、倌（生）、小丑（丑），马灯小姐打扮得花枝招展，为贵族小姐，前后左右有梅香（奴婢）伴随。小姐坐的车由小丑推着，后面有小丑撑着花伞（浪），两边马倌骑着马，伴随锣鼓、音乐、游园边舞边唱，歌颂一年四季风光，歌颂丰收和爱情。《马灯》一般由七人表演，有打四周、五更鸡、卖杂货，最后各种官灯一起出场演拆字，由带唱人一起走圆场。马灯表演先从"牵马头军"开始，由马倌表演杂技动作，并伴随锣鼓、笛子，场面非常热闹。

　　新中国成立后，从20世纪50年代至80年代，黄岭《马灯》表演从无间断，所到之处深受欢迎。黄岭《马灯》在1959年代表县参加韶关地区文艺汇演，荣获"二等奖"；2000年代表丰稔镇参加龙川县民间文艺汇演，荣获"一等奖"。

　　今天的黄岭人，文物保护的意识在增强，文化的自觉在苏醒，黄岭古村文化的传承，将为龙川乃至客家地区留下一笔宝贵的精神财富。

龙 川 古 村

LONGCHUAN GUCUN

第七章 欧江村：黄氏入粤祖居地

欧江村在岭南是个并不知名的村落，但对于广东许多的黄姓人而言，这个村落具有不一般的意义。

据已故紫金文史专家刘尔题对黄氏族谱的研究和《黄氏族谱》的记载：黄海龙，字伯，谥良佐，北宋尚书郎黄汝彦（号景升）之子。南宋绍兴五年（1135年）考取进士第七名，时年二十四岁；绍兴二十二年（1152年），授五城兵马都监，总摄御前禁军事（从一品）。

据黄氏族人介绍，黄氏子孙尊黄海龙为黄氏入粤始祖，其父黄景升系南宋兵部尚书（《欧江黄氏家谱序三》云，"景升中文魁敕授尚书郎"），后皇帝钦命黄海龙袭父职，授予兵部尚书，擢升为七镇（龙川）蓝关总戎（司令）兼循州刺史。

黄海龙将军故居（黄志鑫／摄）

第七章 欧江村：黄氏入粤祖居地

孝宗隆兴二年（1164年），金国又举兵南下入侵。权相汤思退，不思收复山河，反割地求和。于是，黄海龙与张说等上书要求皇帝"亲贤臣、远小人、保国土、制权宦"，这引起了汤思退的嫉恨。乾道元年（1165年），黄海龙被贬为广东校尉，发配远戍循州，不得干预政事。

黄海龙领命率本部人马入广东循州（今龙川）蓝关驻扎。他重视发展农业生产，派兵兴修水利、水渠等工程，鼓励垦荒造田；重视文教，广建学舍，兴学育才；重视商业，拓展商路，发展手工业（打铁）。这一系列的举措深得循州人民的拥戴。

宋乾道八年（1172年），倭寇、海盗侵琼（即海南）。黄海龙得到这个消息，立即召集部下增援琼州、潮州，兵分三路平乱。在三支军队浴血奋战数月之下，打败了倭寇、海盗，缓解了广州、琼州的危急形势，并在广西梧州将倭海盗的残余部队剿灭。孝宗皇帝得知黄海龙主动率军平乱、为国解难、为君分忧的事迹后，非常高兴，下诏书盛赞黄海龙，称他"当朝良佐"。

宋淳熙七年（1180年），广南东路循（州）河（源）茶寇沈师起兵叛乱。朝廷下旨恢复黄海龙广东校尉的官职，命令他率军进入广东，与广东提举杨万里一同平定叛乱。黄海龙接到命令后，命第四子黄贵（名富吉）为先锋，不出一年，就在河源、循州将乱党全部消灭。孝宗为了嘉奖黄海龙的忠诚，下旨召他回京，官复原职，并诰命加封詹、游、江三夫人为懿德夫人、孝德夫人、贤德夫人。加封他的儿子黄贵为辅国大将军。

宋淳熙十五年（1188年），黄海龙告老还乡。他追思循州百姓对他的钟爱，于是在循州定居。

根据《黄氏族谱》记载，黄海龙是黄姓入粤的第一人，生了五个儿子，有十五个孙子、数十个曾孙。"当时黄海龙将军是奉圣旨入粤，后人为了纪念他，就将圣旨用石碑复制雕刻下来，代表了黄氏家

将军故居中的"圣旨"牌（黄志鑫／摄）

族一种荣耀。黄海龙死后，葬在现今的紫金县。据说，黄海龙现有后裔100多万人，散居广东、广西、江西、福建、浙江、湖南、湖北、四川、安徽、云南、台湾、香港、澳门及海外。

在黄海龙的故居里，有后人为纪念他和两位夫人而雕的泥塑像。据黄氏后人介绍，整个河源地区乃至梅州地区的黄氏后人基本上都是从这里开枝散叶的。因此，每年清明，来自梅州五华、河源紫金、东源，江西等地的海龙公后裔都会从四面八方赶回祭祖。

由于年代久远，黄海龙故居有些地方已经被破坏掉了。后人为了纪念他的功绩，1998年，欧江村外出乡贤和家乡的一些父老乡亲捐钱对故居进行了修缮，目的是让后人知道黄海龙的来历和他的事迹。

第七章　欧江村：黄氏入粤祖居地

欧江村位于龙川县东南部，黄布镇的西北部，距县城老隆16公里。全村共有24个小组，1165户，共计5600人，其中不少年轻人已经外出做工。

欧江村历史悠久，相传，南宋年间，现黄布镇欧江地段，交通闭塞，道路不通，四周林木茂盛，杂草丛生，野兽出没，鸟雀飞翔，一片荒凉。不知在何时，这里来了两户人家，一户姓欧，一户姓江，他们艰难地在这里定居繁衍。此后，其他村落也有人陆陆续续到此定居。为便于联系或划地为界，村民们就以欧姓和江姓合成为村名，即欧江村。

南宋末年，黄海龙自中原入龙川，其子孙和亲兵便进驻欧江村。由于他们人多势众、位高权重、生活富裕，人口迅速增长，黄姓便成了村中主要姓氏。目前，欧江村人口90%是黄姓；此外，村中还有胡、卢、连、鞠、钟、古等姓。

欧江村自始祖黄海龙定居后，亦是人杰地灵，人才辈出。例如，欧江村的十三世祖黄近光，流传着许多有趣的故事。据传，黄近光是一位非常勤劳俭朴的土财主，待人温和有礼。有一天，黄近光赶早去外面捡用作肥料的粪，遇到了要去镇上卖咸鱼的一个小商贩，于是他上前去询问咸鱼的价格。卖咸鱼的小商贩见黄近光是一个穿着非常朴素的小老头，很是看不起，说："你买不起咸鱼，问什么价？"黄近光多与他说了两句，小商贩就和他打赌说："如果你买得起，就把咸鱼全部送给你。"

黄近光笑而不语，并未做过多的解释。傍晚时分，卖咸鱼的小商贩从集市回来，刚好路过黄近光正在装修的房屋，见他装了一大桶米做饭给维修工人吃。小商贩恍然大悟，知道黄近光是一个有钱的土财主，为了实现诺言当即就要把咸鱼全部送给黄近光。黄近光仍是谦逊有礼地回绝说："不用了，你们做生意的也不容易，我全部出钱买了就是！"

　　关于黄近光的发家史,村民中还有这么一个传说:黄近光为一财主打工的时候,非常勤恳。财主见他勤劳,就留意他的面相,认为那是个福相,就把其中一个女儿嫁给了他,并送给他们耕牛等财产。本就是勤劳的黄近光,加上有了财主送他的财产,他就慢慢地发家致富了。

第七章 欧江村：黄氏入粤祖居地

古屋、古桥、古塔、古书院，隐在山村的文化点滴

一、古祠堂——仲华公祠

仲华公祠位于龙川县黄布镇欧江村金安五队，建于清代，坐北向南，二进格局。该祠堂面宽11米，进深15米，建筑面积165平方米；灰沙夯墙基，土砖墙体，硬山顶，瓦木屋面，灰沙地面。整座祠堂共计有四厅、一天井（天井内有一古井）、四房间、一余坪、一照墙、一斗门。大门是洗水石门框、门墩；门额书有"仲华公祠"，上联是"仲华流世百芳"，下联是"华祠景仰千秋"。祠堂的上正厅后壁前有先祖神龛、供台，由于部分瓦面漏水和年代久远的缘故，局部木构件腐朽、霉变。

二、古民居

高塘角黄屋

高塘角黄屋位于龙川县黄布镇欧江村仙寨。该屋建于清代，坐东北向西南，原为三进四横，现仅存三进二横（后栋已毁），正屋上五下五布局。屋面宽36.5米，进深32米，建筑占地面积1168平方米。灰沙夯墙基，土砖墙体，硬山顶，瓦木屋面，灰沙地面。整栋屋子共有八厅、三天井、十六房间、一余坪、一水塘。大门的前檐有两根方形的麻石柱承二梁，麻石材质门框、门墩；后部则有木柱和屏风。中正厅正脊下正梁、二梁均有金漆雕刻缠枝花草等图案。

上书房老屋

上书房老屋是光绪年间由金安围五房西角分枝十七世耀荣公（即敦五）及其弟炳捷公两兄弟一同建造的。屋形上五下五布局，四方围龙两角楼，有七个天井，内室有华丽的壁画，绘制精巧，色彩丰富，稳重协调，给庞大的建筑物增添了飞动轻快的美感。

金安围大教场

金安围南角的大教场，为清道光年间由黄近光所建，坐南向北，整栋建筑耗时五六年。大教场建筑面积约1500平方米，三十余房间，上五下五的格局，外形壮观。屋内有十二石柱，高约3米。屋内木雕色彩鲜艳，造型方正流畅。

第七章 欧江村：黄氏入粤祖居地

欧江民居（黄志鑫／摄）

三、古书院——宣化书院

群丰宣化书院位于龙川县黄布镇欧江村群丰自然村，建于清末，坐西北向东南。新中国成立后改建、重修。现书院为二进格局，方形屋，总面宽19.3米，总进深16.7米，建筑占地面积322.31平方米。石灰夯墙基，土砖墙体，硬山顶，灰瓦木屋面，灰沙地面。整个书院共计有一厅、一天井、四教室、一余坪。总体上看，书院风格简朴实用，保存情况较好。现在书院墙上还能看到"严肃活泼""高举毛泽东思想伟大旗帜奋勇前进"等字样。1978年，书院用作村委会办公场所，后来改作欧江小学、幼儿园。

四、古墓——石地咀游氏墓

石地咀游氏墓位于龙川县黄布镇欧江村石地咀密龙山。该墓始建于南宋景炎二年（1277年），坐东北向西南，1998年进行了重修。重修后，整座墓总占地面积2000平方米，用麻石筑砌。墓身长9米，宽6米，由坟首、坟塘、拜台等组成。墓头正中碑刻"黄氏一百五十四世入粤始祖循州刺史海龙公诰命夫人游氏墓"，左刻"南宋景炎二年立，公元一九九八年戊寅岁孟冬重修"，右刻"嗣孙永祀"；额上刻"彩其龙密"，左额刻"青山朝拱"，右额刻"绿水环抱"。重修时增建了纪念亭——"天云亭"，并刻有对联，右联"旭日照大地"，左联"云霞映神州"。

五、古塔——金安苏世塔

金安苏世塔位于龙川县黄布镇欧江村金安五队，建于清代，坐北向南。塔为平面八角形，五层灰石楼阁式风水塔。据说修建此塔是希望它能保佑欧江村风调雨顺、人才辈出。塔的每边长0.9米，塔径2.3米，塔檐无平座，塔身每层高度自下而上均匀递减，面阔逐层收减。

金安苏世塔（黄志鑫/摄）

每层有三层线砖和两层牙砖相间叠涩挑出短檐，第三层以上有圆孔眼。塔顶八角灰塑瓦脊成檐，塔角上挑出凤尾起翘，塔刹呈葫芦形；塔的北面原有一门，后来修葺时被堵上。

六、古桥——金安新街桥

金安新街桥位于龙川县黄布镇欧江村金安五队，建于清代，西北东南走向，跨越金鱼河，是灰石砌平桥。桥长50米、宽1.3米、高2.5米，整座桥有10个鹅胸式的桥墩，每墩总长4米、宽1米。每段桥面的长度2.5米～5.6米不等，第一至第三桥段的桥面用四块长麻石条平铺而成。该桥是金安至新龙、芝野和仔新交通线上的一座桥梁，现仍然在使用之中。

金安新街桥（黄志金／摄）

 离不了的宗族情

自黄海龙到欧江，至今后人遍布广东。每到祭祖之日，黄氏一族就会回忆祖先的事迹。

《黄氏族谱》有家族诗云：

> 骏马奔腾往异方，任从胜地立纲常。
> 年深外境犹吾境，日久他乡即故乡。

这首诗凝结了黄氏后人的情感，不少黄氏后裔每年还会回到这祖先居住的地方看看，追思先祖精神。

黄氏宗族发展的历史就是客家历史的一个缩影。客家人的这种宗族的情感并不是简单狭隘的，而是升华为爱乡、爱国的情结。黄氏后人出外打拼，然后报效祖国，体现的就是这种升华。

说起报效祖国，不得不提龙川邑人、被称为客家领袖级人物的黄石华老先生。黄石华出生于龙川一个普通的小山村。1968年，黄石华众望所归接任了22届香港崇正总会理事长后，他的爱国之心、怀故之情得到了淋漓尽致的发挥。

黄石华是一位很正直的人，也是一位有眼光、有远见的社团领袖和充满热情的爱国者。香港崇正总会在黄石华的领导下，逐渐已由宗亲会、同乡会类型的传统"草根组织"转化为现代化的"社会功能组织"，在香港社会中开始发挥"政治投入"功能的作用，并且担负起

第七章 欧江村：黄氏入粤祖居地

黄石华先生（钟菱／摄）

沟通"政治体"与"社会"之间的"中间性组织"的角色，在海峡两岸和平统一问题上发挥重要作用，尤其是最近十余年来，由香港崇正总会负责组织二三十次国事研讨会，计有二三千人次海内外著名学者专家、博士、硕士参加并共同研究讨论后发表的"和平统一国是建言"，提出了以文化、历史、地理等反映中华民族共同性的象征作为两岸和平统一的基础，是很有建设性的意见。

影响世界的世界客属恳亲大会（简称世客会）已经召开有27届，而黄石华作为世客会的创始人之一，一生都在为宗族之情升华，为国家情怀而努力。

欧江村作为黄氏入粤始祖地，在将来的某一天将有可能成为广东黄氏寻根访祖的名村，这其中的力量就是黄氏宗族文化精神。

龙 川 古 村

LONGCHUAN GUCUN

第八章
山池村：深山隐居侍郎后人

龙川古村

桃花源式的隐居生活是中国人共通的人文情结，特别是经历过封建王朝官场的仕子们，更是愿意在山中盆地中寻觅净土，不但自己安度晚年，还可传家万世。在龙川县的大山之中，便有不少这样适合聚族而居的小盆地，山池村即是其中之典型。

明代洪武年间，天下初定。南宋抗元英雄谢枋得后裔谢文申（祖籍江西，出生于福建）在朝为官，至吏部左侍郎，因洪武帝征蜀，运粮不继，黜职归田，选择的就是山池村，为村中最大姓谢氏的开基祖，后人尊为宗韶公。山池村目前有5000多人，是龙川县北部最大的行政村。

为什么谢文申会选择山池村，而山池村在几百年的时间里发展成为一个人文荟萃、人口众多的大村的原因是什么？村中流传的明代惠州知府李伯遇在山池村赋诗的故事道出一点缘由。

李伯遇，明嘉靖三十二年（1553年）中进士，后任惠州知府。传说，为了体察民情，他沿着东江水路一直北上，到了山池村口，即上岸观景，看到这宜人风光，即兴赋诗一首：

山池村一侧（黄志鑫／摄）

第八章 山池村：深山隐居侍郎后人

山池景致胜非常，田心崀里睡草羊，
半岭芝兰千载秀，罗婆桃李万年芳。

进入村中心时，李伯遇再赋诗一首：

门前高幛迎宾客，龟蛇相会在西方，
狮象拖球塞水口，岩下罗带水环乡。

尽管李伯遇作诗无从考据，有可能是民间人士根据村中地形编写的风水诗，但是正是这风水诗，道出了选址定居山池村的一些奥妙：逶迤的龙池山在此形成了一个大盆地，五条小河蜿蜒穿流村间，水草丰茂，开出良田千亩，满足了一个大家族的发展与传世需求。

山池村谢氏祖墓中的文申公石像（黄志鑫／摄）

现在的山池村隶属龙川县岩镇，位于龙川县北部，南面毗邻枫树坝水库（青龙湖），东北与麻布岗镇接壤，北临贝岭镇。山池村偏安一隅，距离龙川县城75公里。村内地势平坦宽阔，面积约占28平方公里，下辖41个村民小组，常住人口5000多人。村大人多，因此村里也形成了在农村中罕见的小城镇街道。山池村是典型的山区农村，但并不闭塞。早在明清时期，山池村生产的石灰、编织品、副食品就销往赣南、梅州等地，山池村也素有"石灰之乡"的称誉。如今，凭借着良好的交通条件，外来的商品和村里的特色产品更是频繁贸易往来。

在明朝早期，便先后有罗、张、薛等姓先民在山池村繁衍生息，这些姓氏的祠堂遗址至今仍然作为宗族的历史见证存在本村。到了明中后期，先后有谢、王、杨、黄、吴、温、叶氏先祖进入山池村繁衍生息，历经宗族竞争，谢氏逐渐壮大，成为目前村中人口最多的姓氏。

第八章　山池村：深山隐居侍郎后人

老屋苍苍，叙说数百年古村辉煌

数百年来，山池村中各姓氏繁衍生息，安居兴业。伴随着宗族的不断壮大，一代又一代人兴建了众多的房屋、祠堂、桥梁、防御工事等建筑物，这些建筑物不仅仅是作为居住生活场所而存在，更是一代代村民的生活经验总结和智慧结晶，蕴藏着这个古老村落的人文历史气息。

然而，数百年来，很多古建筑物在战火纷乱、时势灰暗的年代成了牺牲品，或不经岁月的磨损，或人为的拆解……幸好，在今天我们喟叹历史的遗憾之时，还能看到些许屹立不倒的古建筑物。光阴流过，我们再也无法复原历史的真正面貌，但透过那些幸存的古建筑，我们在山池村仍然感受到来自历史的伟大的精神和智

村中古道（黄志鑫/摄）

雪亭公祠（黄志鑫／摄）

慧。敦实的梁木、斑驳的墙垣、悠长的巷道、方正的古井……一切都那么遥远，却又那么真实。

在山池村，仍然存留着许多古建筑物，比较有代表性的有护龙桥、节孝牌坊、碉楼、崇兴围屋、五桂扬芬、彦良公祠、九牧公祠、雪亭公祠、秋成厦等等。

五桂扬芬（黄志鑫／摄）

第八章 山池村：深山隐居侍郎后人

颜良公祠（黄志鑫／摄）

九牧公祠（黄志鑫／摄）

秋成厦（黄志鑫／摄）

雪亭公祠

雪亭公祠是山池村谢氏寿八公第十五代孙雪亭公所建。雪亭公，字朝钦。

山池村雪亭公祠约建于清乾隆年间，是一座有两百多年历史的客家谢氏宅邸。原占地约十五亩，整座宅邸包括正屋、厢屋、迎宾屋、大门口广场、炮台、池塘等，屋内有八个天井，八个大厅，六十多个房间。

雪亭公祠（黄志鑫／摄）

第八章 山池村：深山隐居侍郎后人

走近雪亭公祠，最让人觉得不可思议的当数公祠大门两根门柱下的石墩，这两个石墩的高度在众多客家公祠建筑中是非常罕见的，在河源更是稀少。高高的石墩，也许寓意着这个家族威望高，作为一种地位的象征。公祠大门横梁上的雕刻栩栩如生，属于闽派精细的雕工，可见公祠主人对门面的重视。

在雪亭公祠大门口的广场上，横卧着几节被拆断的石旗杆，在一节石旗杆条石上刻有"嘉庆十八年癸酉科恩拔贡生男鸿军"。这正是雪亭公祠曾经出的举人——雪亭公的孙子谢鸿军恩拔为贡生，门坪两边立桅杆。

崇兴围

崇兴围，又名仰倡夏，始建于清高宗乾隆年间，是龙川县现存规模较大，保存较完好，具有代表性的客家古围屋。崇兴围由山池村的谢氏先祖兴建，一直以来是生活在崇兴围里的历代村民的骄傲。

崇兴围

崇兴围规模宏大，占地20亩，厢房150多间，高3～4米，围内大小天井22个，大小厅堂25个。从中可以想象，当时生活在崇兴围的宗族人口数量之大，宗族地位之高。20世纪80年代初围屋还有280多人居住。围屋有两层，第一层北面还有个炮楼。围屋添了高约11米的外墙，墙厚60厘米，由石灰粉、沙、石按比例混合砌成，非常坚固，墙上有两排枪口窗，防御功能突出。

从屋的众多对联可显示出围屋内崇文重教的气息浓重。如正大门大厅上的"宝树茂庭阶蒂固根深百世恩源源本本，芝兰濡雨露香开馨发一堂觊苾苾芬芬""崇向浥水雄风伟武经文安岁月，兴起东山秀气培兰毓桂茂新春"。侧门上"仰俯大文章绿绿红红点缀一编佳锦绣，昌明新气象浓浓淡淡飞腾无数好风云"。

关于崇兴围的建造，还有这样一个传说：在建造该围屋的初期，围屋里还有其他村民的几亩田在种水稻，这块田的主人不肯把田卖给运崇公建房子，种田时就从崇兴围的大门进出，运崇公家里喂养的鸡鸭吃了田地主人的水稻，田地主人一气之下将运崇公的鸡鸭打死，运崇公就把被打死的鸡鸭煮好，请田地主人喝酒吃肉，反复几次，最终感化了田地主人，崇兴围才得以建成。

护龙桥

修桥筑路是客家人做好事积德的重要形式。相传，明代万历年间村民谢梓，号九牧。崇祯三年庚午科进庠后，带领数人置基创业，乐善好施，捐资修建了护龙桥，其后不久便生下两个男丁，一名谢桥，另一名谢拱。据《谢氏族谱》记载："绍汤，号九牧公，顺治

护龙桥

十三年在本村高寨下独立鼎建拱桥一座,明曰护龙桥。"护龙桥全由砖石建构而成,属于拱桥,目前仍保存完好。

碉楼

龙川是客家地区碉楼的主要分布区之一,而龙川碉楼又主要分布在北部。同在龙川北部的山池村共有十座碉楼,因年久失修,如今保存完好的仅余下三座。这些碉楼作为主要的防御建筑物,成为旧时村民躲避土匪及外敌攻击的坚实堡垒,在保护村民生命财产安全方面发挥了重要作用。

碉楼(黄志鑫/摄)

古井

村内有古井十二口,至今仍在使用的有六口,其中"井头"老井历史较为久远,据族谱推算大致建于明末清初,其水质清纯甘甜。老

古井(黄志鑫/摄)

井一般分三级由高至低而建，饮用水居上，洗菜、食物等居二，洗衣物类居三。

山池村有着悠久的历史，明清时期官学名流辈出，现时仍保留有非常具有代表性的大型古建宅邸、古桥、碉楼、古井等，是实至名归的古村落。但在古建保护方面仍需有更大的作为，期待发展成为龙川北部最具代表性的古村落之一。

牌坊

乾隆年间，谢朝纪年仅十五病故，其夫人袁氏守寡百折不回，乾隆皇帝下旨建立节孝牌坊一座。旨文原文如下：

节孝袁孺人年十五归为儒士朝纪特年亦仅一十有二乃甫越三载而柏舟载咏孤孀，守寂完百折不回操礼事慈讳将以爱敬历久而合弗俞无吊嗣续丈夫，后克滋大迪前人光兹盖，甲晋有七矣屠维赤奋若之岁盖闻对天子专访幽行微音用垂访恩荣。旌表亦？允钦为盛世之完人云。

牌坊毁于20世纪"除四旧"年代，但留下了建筑构件。虽然现代社会早已不提倡这种封建贞节观，但是作为历史遗产，这个贞节牌坊仍然是不可多得的文物，具有重要的文化价值。

第八章　山池村：深山隐居侍郎后人

节孝牌坊残留部件

风俗原味，展现客家风情

　　山池村民风纯朴，还保留着比较原生态的民间信仰与民俗活动。
　　村里最大的神庙为观音庙，位于本村西北部红缨头。此庙建于明中期，并于2011年在该庙对面新建滴水观音一座。每年农历二月十九日便是观音诞，当天全村所有信众，都会自发组织前往观音庙聚会进香祈福，并有僧人主持仪式。仪式结束后，村民们会在一起聚宴，庆祝观音生日，通常都会摆上十几围台，场面热闹非凡。

观音庙会

第八章　山池村：深山隐居侍郎后人

舞狮

上灯

　　舞狮是山池村的一大传统民俗活动，村内有显昌厦谢氏和半岭王氏两支狮队，已有两百多年历史。每逢春节或有异地同族宗亲盛事互访等都会以狮队表演仪式庆贺。

　　此外，上灯等其他客家民俗在村中也保存得比较完整。在宗韶公谢氏文化园建成之后，村中的文化凝聚力也达到了一定的高度，村民们也越来越具有了文化自觉，文化保护工作方面应有更大起色。

人文荟萃：小山村的名人叙事

山池村人才辈出，中功名者，历代不断。至现代，山池村也是书香四溢，才俊满堂，其中以科学家谢银丰和文艺界名家谢逢松为代表。

科学界名家

谢银丰，1936年12月生，龙川县岩镇山池人，1955年3月参加中国人民解放军，1959年考取西安军事电讯工程学院，1964年毕业后留校任教。1970年调到总参通信部第十九研究院任主管参谋，组织第一枚洲际导弹发射的远望二号测量船计算机控制中心的技术攻关。1978年转业到第四机械工业部任计算处副处长，有线通讯处处长等职，负责组织协调国防工委三大任务，即野战综合通信系统、分组交换信息系统、军用数字保密自动电话网。1984—1988年组织实施引进数字程控交换技术生产线。1988年评为高级工程师。1989年以后组织技术攻关单边带跳频电台、052工程配套通信系统和039工程配套通信系统等。1990年后任中国电子信息产业集团总工程师，资产部总经理，教授级工程师。曾获总参通信部、中国电子工业总公司先进个人称号，同时还获"军用保密电话网"电子工业部科技进步特等奖。写有《中国通信产业结构调整与发展政策的研究报告》《国内数字程控交换机市场分析和发展方针》《军工通信"八五"科技发展规划汇编》《中国信息产业集团通信产业发展方案》等科技报告、方案等，其中，

《中国通信产业结构调查与发展政策的研究报告》还获机械电子工业部科技进步二等奖。曾担任国家科委新技术评委委员、国家计委评估中心的数字程控交换机评审员、中国军用电子产品可靠性信息交换委员会委员，是中国数字程控交换机十大专家之一。

文艺界名家

谢逢松，笔名惠杨子，1932年生，广东龙川人。中共党员。1951年毕业于位于广州的南方大学政治系。历任广州中国电影公司华南分公司宣传科编辑，南昌中国电影公司江西省办事处主任，北京中国电影公司宣传处科长、组长，北京电影制片厂编导室常务副主任、文学部主任，一级编剧。是中国作家协会会员，中国书法家协会会员，中国电影家协会会员（同时是中国电影文学学会、中国电影评论学会、中国世界电影学会会员），并被聘为多所大学的客座教授。

龙 川 古 村

LONGCHUAN GUCUN

第九章 龙池村：十金盖府之村

在世人眼中，财富并不是一个乡村的最大象征，特别是中国传统村落。但在龙川，有这么一个村却是以财富著名，这就是有着"十金盖府"（十个"金"字辈的龙池黄姓人的财富加起来超过惠州府）之称的龙池村。

龙池村位于麻布岗的东北部，七约望嶂下，距麻布岗镇4公里，隆江公路穿村而过。该村山地广阔，土层深厚肥沃，适宜林果生产。

龙池村历史悠久，黄氏家族在此繁衍生息数百年，为此地积淀下丰富的文化内涵。

龙池风光（黄志鑫／摄）

第九章 龙池村：十金盖府之村

"十金盖府"

据《黄氏族谱》记载：在明朝中叶，黄君实（号福通）从兴宁霞蓝迁徙异境开基，途经大长沙村投宿，夜里发现一道灵光由北而来，顺势南下，消失于现在的龙池泰山。翌日，黄君实爬上山顶一看，龙池泰山像一条巨龙横贯脚下；举目四望，村与村之间有许多洼地，水源非常丰盛，屈指一数，共有三十六口天然池塘，黄君实看到此景赏心悦目，于是就携妻子、儿女来到泰山下的秀麓芳泮开居。由于泰山像巨龙，山下多池塘，故将村名取为"龙池"。

龙池在19世纪是个颇负盛名的村庄。据考查，龙池开居祖黄君实于明代弘治元年（1488年），从兴宁霞岚迁移而来。到了第五代万历十六年（1588年）时，有一支十个裔孙（金瓒、金琇、金琦、金琥、金瑚、金珑、金瑜、金瑗、金球、金璨）家财万贯，合起来超过当时的惠州府，因此有"十金盖府"的赞誉。查考族谱的记载，十个兄弟中又数黄金琥最富裕，家资"富有十万"。

"十金"发迹之时，正值明朝后期，国家正遭受内忧外患，战事频频，国库空虚。当时的惠州府伊清楚龙川"十金"家资雄厚，即向明武宗禀告。朝廷令由惠州府出面，向"十金"兄弟借钱。于是，惠州府府伊向"十金"兄弟传达了朝廷的旨意，"十金"兄弟为解国难，慷慨解囊，斥资援助朝廷平息内患外扰。

随后，朝廷论其支援国家平乱有功，便命惠州府赐"长圹一口"（即从东江合河起至贝岭曲窍止），以此作为偿还所借之款。"十金"兄弟得赐"长圹"后,在岩镇、黄埠、贝岭、曲窍分别建造渡口、码头,并拨出田租施舍渡船,只在岩镇、贝岭街中收取微薄的地租,直到民国初期也依旧如此。

明朝天启三年(1623年),明武宗下旨论功行赏。感念"十金"兄弟资助国家有功,恩赐立祠建"八字门楼""独脚朝墙"以示恩荣、嘉奖。现今,"八字门楼""独脚朝墙"依旧保存完好,现合水至曲窍的黄家渡趾尚存残墙破壁。

"十金"兄弟不但身系国家的安危,而且非常重视对后人的学问培养。根据《中华姓氏通书》的记载:黄氏第六、第七代就出了贡生、监生、庠生三十多人。明代后期,黄氏更是文人辈出、家业殷实,仅仅马山下一角就出萝卜一百担,素有"马山蔼蔼书香秀"之说。清代时期,龙池村黄际鲲中举,到清代后期,黄考取了贡生,被恩赐进士。黄家至今还保存着惠州掌学台赐的"惠州第一"的雕刻横匾。正如诗云:"龙池后案接群峰,鲫鱼化龙跃世中,五代'十金'盖惠府,济国办教人尊崇。"该诗言简意赅地概括了黄家的发迹史、富裕程度和种种事迹。

不过,如果说龙池仅因有钱而出名,那也错了。对于崇文重教早已深入人心的客家地区而言,任何条件都可能会向教育服务。龙池亦是如此,文教的兴起才是它成为文化古村的核心条件。如清朝光绪二十年(1894年)进士黄台功,雍正元年(1723年)举人黄际鲲,乾隆八年(1743年)武举人黄斯胜,咸丰五年(1855年)授予黄子荣翰林,等等。

第九章 龙池村：十金盖府之村

龙池古迹

一、西岑公祠

西岑公祠建于清代，坐南向北，二进一横格局。面宽25.5米，进深16米，建筑占地面积408平方米。祠堂是石质墙基，土砖墙体，硬山顶，灰瓦屋面，灰沙地面。计有四厅、二天井、八房间、一余坪、一半月形水塘，总占地面积659平方米。大门的前檐两根圆木柱承三架梁，红砂岩质门墩、门槛、木门框。门额墨书"西岑公祠"。下正厅后部有屏风，上正厅正壁有黄氏先祖的神龛。总体上看，西岑公祠建筑规模较小，工艺朴实，两正厅保存较好，其他地方多次重修。

二、君实公祠

君实公祠建于清代，坐西向东，三进布局。祠堂面宽18米，

君实公祠（黄志金/摄）

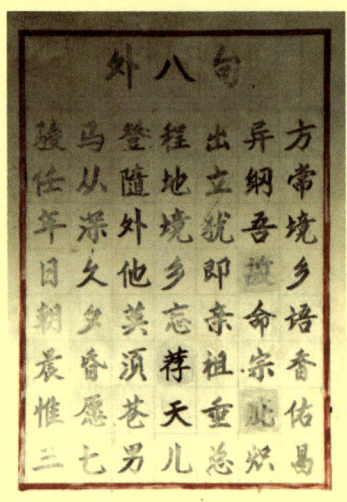

祠堂上的祖诗（黄志鑫／摄）

进深29米，建筑面积522平方米。夯墙，硬山顶，瓦木屋面，灰沙地面。屋前有一围墙、二重门，各门均是红粉石门坎，木门框，木门页。一重门额书"龙跃天悦"，二重门额书"君实公祠"。正门前有两石狮子镇祠，门额书"从先纪觉"；上正厅正壁放有黄氏先祖神龛；中正厅建筑屋面已毁；头门前原石狮也已被毁，近年用水泥塑复。

龙池黄姓有外迁者也常回君实公祠祭拜，公祠上堂墙上书写的黄氏《外八句》：

> 骏马登程出异方，任从随地立纲常。
> 年深外境犹吾境，日久他乡即故乡。
> 朝夕莫忘亲命语，晨昏须荐祖宗香。
> 惟愿苍天垂庇佑，三七男儿总炽昌。

是呀，年深外境犹吾境，日久他乡即故乡。客家人不都是这样的吗？

第九章 龙池村：十金盖府之村

三、金琥公祠

金琥公祠位于龙池村红池自然村。建于清代，坐西向东，三进无横屋，正屋上三下三布局。该祠面宽11.4米，总进深25.5米，建筑占地面积290.7平方米。青砖墙基，土砖墙体，硬山顶，灰瓦屋面，灰沙地面。整座祠堂共计有三厅、二天井、六房间、一余坪，左前方约30米处有一斗门，斗门额墨书"简芳楼"。总占地面积441平方米。大门红粉石门框、门墩、木门页，门额墨书"金琥公祠"。中厅有四圆木柱、石柱础，圆形柱础阳刻花草祥云图案。上厅正壁有供奉黄氏先祖的神龛，龛额墨书"峻屏堂"。由于无人入住、年久失修，局部瓦面漏水。

四、泰安第

泰安第建于清代，坐西向东，二进二横格局，客家方形屋，正屋上五下五布局。该屋面宽33米，进深18米，建筑面积594平方米。石质墙基，土砖墙体，硬山顶，灰瓦面，灰沙地面。整栋房屋共计有六厅、三天井、二十房间、一余坪、一照墙、一半月形水塘。大门前檐有两根圆木柱承三架梁，石柱础，梁架、挑梁间有金漆雕刻龙凤、花草等图案。红砂岩质门框、门墩，木门页，门额石匾阳刻"泰安第"。下正厅有木楼棚和屏风；上正厅正脊下正梁有金漆雕刻双凤朝阳和祥云图案。总体上看，泰安第木雕刻较精美、工艺较精湛。

泰安楼（黄志鑫／摄）

五、泰安碉楼

泰安碉楼建于清代,坐北向南。碉楼的平面呈正方形,面宽7米,进深7米,建筑占地面积49平方米。该碉楼是灰石墙体,墙厚约0.6米,墙坚壁厚,共有五层,高约14米,墙头五层青砖出檐,瓦木屋面,屋脊角有灰塑凤尾起翘。楼门石门框,木门页,栊门,楼内有木楼棚和木楼梯,楼顶有瞭望亭。碉楼每层墙都有瞭望窗和射击孔,主要是古代当地村民为防战乱和匪盗,现在村民主要用它来圈养牲畜。今碉楼内部分木楼棚腐朽严重,主体框架仍在。

六、培文书院

麻布岗"培文书院"创建于清朝同治十一年(1872年),占地面积2000多平方米,是上半县最大的一间书院。该书院设计美观,建筑结构坚固,是四幢环抱、三栋、八柱全封火的两层楼房。一进大门,映入眼帘的是大天井与花池,里面种着各种各样的花木和搭起的高大的葡萄架。透过葡萄架,可以看见中栋厅堂醒目的"迎客厅";后栋二楼中厅"魁星楼"内安放着孔子牌位;地层中厅"惠念馆"内则竖立着建院时所立的石碑,碑序是由黄子荣撰写。

黄子荣先考取贡生,后捐授翰林,曾在林则徐部下任职,林则徐被贬黜之后才解甲归田。据说,该书院正是由龙池村的黄子荣与上坪寨背坑的黄龙民创首,他们动员麻布岗地区的富豪乡绅斥资兴建。这一举措首先得到了小长沙村黄钦春的支持,他慷

龙池碉楼(黄志鑫/摄)

书院遗址（黄志鑫/摄）

慨献出建书院所需的土地；随后，王、钟等姓人氏也大力支持，踊跃捐资；岩镇、平越、山池的谢、刘、王、卢等姓人氏也慷慨解囊。

书院建成后，大家推举热心教育事业的黄子荣出任首任院长。黄子荣治学严谨，办学有方。为了培养高质量人才，他二上江西去请举人古廷松任教，把书院办得颇有名气，为麻布岗地区培养了不少文人。

书院的开办，历经了戊戌维新运动的洗礼，接着是新文化运动，为社会培养和输送大批的人才。民国初期，书院曾改为"龙川县立第三高等小学堂"。而在新中国成立初期是三联、兴良两乡人民政府办公地方，现在仍是镇府用地。

七、黄沙桥

黄沙桥位于龙川县麻布岗镇龙池村。建于清代，东西走向，跨越龙池河，双拱，石拱桥，桥身灰石砌成，桥孔方麻石卷砌成，中间桥墩有鹅胸状分水尖。桥总长25.5米，宽6.5米，高约13米；每孔跨度约8米，高约9米，桥面两边有灰石砌成的桥栏。黄沙桥曾是省道隆江公路上的一座重要桥梁，后改道另建新桥。黄沙桥坚固厚实，除部分桥栏崩裂、桥栏墙部分裂损之外，现在仍可通车。如今，桥身和桥墩长有布惊和蕨类植物。

 "红色"龙池

龙川县获"中央苏区县"的称号名副其实,就拿苏区龙池这么一个小村来说,这里也曾进行过如火如荼的革命,并很早就成立了龙川苏区。

龙川县麻布岗镇龙池乡苏区相当于现今的麻布岗镇龙池村、瑚径村及上坪镇的新桥村。早在1930年3月,兴五龙县上贝浮区苏维埃政府和铁龙沙坪乡苏维埃政府在上坪茶活村相继成立了。龙池属于铁龙沙坪乡苏维埃政府管辖。在区、乡苏维埃政府的领导下,革命势力迅速扩展到龙池,张观佑、黄清卿、罗汉章等领导人经常到龙池村活动,积极发展党员,并建立了党小组,由黄明近出任小组长。7月间在区委和乡苏维埃的精密组织、策划下,于瑚径的霞村五桂第宣布成立"兴五龙县上贝浮区龙池乡农会",黄明近出任农会主席。农会在龙池乡发展会员300多人,其中龙池村就占了100多人。

1930年8月,龙池村农会会员不断增加,革命队伍迅速壮大,黄恒君在区、乡领导的指导下,不断宣传党的政策、发展党员,并在墨田山子贝召开党的会议,成立党小组,黄恒君出任小组长。从此,龙池村的工作便有了领导核心。

1930年9月,工农红军领导人李大添、钟其经常率领红军部队在龙池的墨田福建畲、山子贝、岭下等一带活动,并在下河里顶脑召开了"龙池乡赤卫队"成立大会。为了适应频繁战斗的需要,红军部队专门在龙池村的火砖炮台设立了枪支修理站。

在区苏维埃和乡地下党的组织与领导下,龙池乡党组织及村农会发动群众积极开展打土豪、筹集粮饷等活动,为红军部队和苏区提供给养,并配合红军部队进行反围剿,开展武装斗争。

1931年5月,中央苏区红军被迫撤离苏区,实行战略大转移。国民党反动派加紧了对地方红军的经济封锁和清乡活动,革命形式异常严峻。为了打破国民党的封锁、减轻苏区的压力,赣南红军挺进大队长李大添带领一支队伍,进行外围斗争。他们来到龙池,在赤卫队的引导、配合和掩护下,打下了"大成公司"(食盐专营),缴获了大批食盐、布匹和银圆。

1931年至1932年春,龙池乡农会积极组织群众为江西中央苏区和茶活苏区多次秘密运送粮食、布匹、食盐、火柴、药品等生活用品,有力支援了苏区与国民党的斗争。有的群众在运送过程中由于被敌人发现而惨遭杀害,为此付出了生命的代价。

1932年10月,国民党陈济棠唐拔团和贝岭民团对龙池进行清乡围剿,农会副主席黄裕春等人英勇就义。

1933年3月3日,唐拔团和贝岭民团再次来到贝岭清乡围剿,由于叛徒的出卖,农会主席黄明近等人被杀,农会损失惨重。

1945年,龙池村民黄迎香在黎咀加入中国共产党,尔后以保长的身份做掩护,积极投入革命活动,为游击队提供敌伪情报。

龙池从1930年至1934年间,在区、乡苏维埃政府的领导下,积极开展武装斗争,从人力、物力等方面为党的早期革命斗争事业做出了巨大的牺牲与贡献。

民间传说与故事

一、"耙齿沥"的传说

龙川县麻布岗龙池村的东面,有一条乌溪河。河的中游有一段河床非常怪异,一道道的乱石沟好像是被人用耙(农具的一种)拖过一样,人们将此河段称之为"耙齿沥"。

相传很久以前,江西龙虎山有一个仙长,道行非常高深,心地仁慈宽宏。闲来无事就经常云游四海,为人间做些善事。有一天,他驾祥云从龙虎山往南游,刚好经过乌溪河的上空。他俯视河岸两侧都是悬崖峭壁,河床狭窄,水流湍急,给两岸往来的樵夫和农民带来诸多的不便,更有甚者被水卷走而丧命。

仙长正在往河里观看,忽然看见一个妇人背着婴儿划木筏渡河。划到河中央时,因水流太急,木筏侧翻,母子二人双双落水,此时河岸有一壮士跳入河中奋力抢救落水的母子俩。此情此景,仙长看在眼里,心中顿生恻隐之心,略施法术便将三人救起。

救人一时易,救人一世难,唯有疏浚河道使水流平缓,方能助人于长久。于是,仙长一声呼唤,天上就走来一个仙童和一头仙牛,停在他前面。仙长对童子、仙牛说道:"下面一段河道,由于乱石阻塞,水流不畅,常吞噬性命,你们去将此河段疏通、平整,以造福人间。"

接到仙长的命令,童子和仙牛便下去疏理河道。趁着月光,仙童和仙牛在河中奋力耕耙,高低不平的河床逐渐变得平整宽阔起来。时间慢慢流逝,忽闻雄鸡报晓,仙童和仙牛便要赶着时辰回天庭。仙长也担心因天机泄露而功亏一篑,所以就赶紧与仙童、仙牛离开。翌日,人们发现原为峭壁的河道变得平坦,河边石头散乱,一道道的痕迹像耕耙齿痕那般,于是,人们索性就将此河道称为"耙齿沥"。

二、黄斯圣传奇

清朝康熙年间,麻布岗龙池村有一个奇人叫作黄斯圣。据说,此人身高八尺,身姿矫健、步履轻盈,力大无穷,武艺超群,远近闻名。

有一天,黄斯圣与村民一起去江西公平赶圩日,走到与江西分界的吉祥村南蛇栋时,大家到凉亭休息。期间大家一起闲聊,忽然,有一个村民指着面前的界碑对黄斯圣说:"斯圣,你如果能够把这块界碑石拔起背到前面的老虎石下,我就拜你为师,日后任凭你吩咐,绝无怨言。"黄斯圣二话没说,轻轻松松就把界碑石拔起背到了老虎石下。

黄斯圣把界碑石搬到他处,忘记放回原位,麻烦便不请自来。不久之后,与龙川县交界的江西长宁县就发现界碑石立在了老虎石那里,这岂不是侵占长宁县的地盘,实在是欺人太甚,是可忍孰不可忍!后来通过询问得知是黄斯圣所为,长宁县衙就派人把界碑石重新放回原位。为了以儆效尤,长宁县便将黄斯圣告到龙川县衙。

龙川县衙接到诉状后,不好怠慢,就派人去上坪街传唤黄斯圣。黄斯圣接到传唤后,连夜赶到县衙,等候案件的开审。黄斯圣武功卓绝,方圆百里人尽皆知,所以,两地的县衙也不敢对他动刑,而是礼遇有加。

虽然如此,黄斯圣还是觉得自己不该贪一时之快,而闯下弥天大祸,必须想一个一劳永逸的对策来化解此事。他苦思冥想,突然灵机一动,趁大家半夜熟睡之际,溜出大门,神不知鬼不觉地又把石碑背到老虎石下立好。

次日,两地县衙共同会审此案。升堂之后,黄斯圣被传到公堂。主审官问黄斯圣:"长宁县告你擅自搬迁界碑石,是否属实?"黄斯

圣否认做过此事。长宁县官说："本县已经派人将界碑石抬回南蛇栋重新立好，请龙川县派人随我一同前去查看，便知本县并无冤枉他。两县的界址早已确定，怎可随意更改？"黄斯圣由于昨晚的暗自行动，对事情是了然于胸，便为自己辩解说："两位大人，界碑石一直都是立在老虎石的，从来都没人搬动过，怎么会是在南蛇栋呢？如果大人怀疑我所说的话，请允许我一同前往。"

于是，黄斯圣便同两县衙的官员等人一同前往。到南蛇栋时，不见界碑石的踪影。长宁县官深感诧异，暗叫不好。他疑惑地说："界碑石昨日尚在，今日却不翼而飞，是何缘故？"没有找到界碑石，所有人便只好前往老虎石下察看，却见界碑石牢固树立在路旁，石碑四周也没有新挖的痕迹，且长满了青草。大家都疑惑了，就连黄斯圣自己也是惊叹不已。这个时候，黄斯圣变被动为主动，理直气壮地对大家说："耳听为虚，眼见为实，界碑石一直都在这里，没人敢动。说我擅自搬动界碑石，我真是比窦娥还冤枉呀！"

事实俱在，众人也不好多说什么。长宁县官心想："一块重达数百斤的界碑石，没有几个人一起是绝对抬不动的。昨晚黄斯圣又从未离开，何故？难道是天意如此或他有神灵相助？"由于证据不足，县官也很"难"断定孰是孰非，只能日后再审。以后也由于没有找到新的证据，此案便不了了之。

三、"龙湫山神"传说

龙池泰山位于龙川县麻布岗镇东北部龙池村境内。据嘉庆版《龙川县志》记载："龙池泰山在县东北一百九十里，上有龙湫，祷雨多应。"山脉自大庾岭北端，沿经江西省的桂竹帽、广东的金石嶂、小灰嶂、花罗嶂、天广嶂，巍峨南下，宛如一条蛟龙，层峦叠嶂，景色秀美。

龙池泰山的两屏之间有一尊"龙湫山神"。据说明清时期，东江流域经常遭遇旱灾，几近河中无水行楫，田中无水育秧苗的程度。村民每拜祭"龙湫山神"一次，就大雨倾盆，江河爆满。此事一经传出，便经常有东江下游地段的河源、博罗、惠州等一带的地方官员前来祭祀"龙湫山神"，以求风调雨顺。

后来，随着大型水库等水利设施的修建，农民不再那么依赖于降水，水旱灾害也不断减少，"龙湫山神"也就逐渐被人遗忘。

如今的龙池村虽没有列入省市古村之列，但其历史文化沉淀值得重视，历史文化价值在保护的前提下一定能挖掘出来。

龙 川 古 村

LONGCHUAN GUCUN

第十章

龙川古村的保护：

路漫漫而修远

　　全球化浪潮已经渗透到世界的几乎每一个人所能到的角落，我们的古村也不例外。田园牧歌的生活随着自给自足经济的瓦解，已经越来越离我们远去。年轻人一旦离开就不太愿意回村居住，没有离去的村民也渐渐搬离了老房子，住进了现代楼房。古村落、古建筑找不到自己的价值与用处，在这浪潮中迷失乃至消失。据有关资料统计，目前全国有230万个村庄，普查显示，依旧保存跟自然相融合的村落规划、代表性民居、经典建筑、民俗和非物质文化遗产的古村落，现在还剩2000~3000个，而在2005年时，这个数据还是5000个。古村落保护，保护什么，怎么保护？相关的政府、学界、村民都为此动过脑筋，然古村落保护之路之艰难超乎寻常。

　　古村给人最直观的物质载体就是老建筑，其实一个古村落应是一个系统，一个包括祠堂、民宅、学堂、村庙、磨坊等在内的古建筑系统和信仰、民俗生活、民间艺术等在内的非物质文化系统组成的更大系统。村落人口的流失，文化缺乏年轻人的传承，围屋的建造技术已经渐渐失传，在现代工业文明审美的影响下，旧式建筑在村民眼中成为落后的建筑样式，住进小洋楼才是现代化的标志。"文革"破四旧，把所有的民间信仰都打成了"封建迷信"，失去村落信仰的民众也逐渐将与之相关的民俗抛弃了，以前每个村几乎都能见到的舞龙舞狮，现在仅有少数村落能组织起来。无孔不入的现代化思维严重影响着村民的文化自信，在好与不好之间的选择中，传统文化被认为是旧的、不好的。文化就此逐渐断层，即便留下了几栋老房子，也只是空壳而已。

第十章 龙川古村的保护：路漫漫而修远

没有人就做不成事，同样，没有钱，也做不成事。古村文化保护需要的大量资金，不是村民自己能负担得起的，即便是县一级，许多山区县市政府的财政本来就拮据，对文物保护与维修、非物质文化遗产保护也投入资金，但多是杯水车薪、苦于支撑。

老建筑的功能也成了一个大问题。缺少现代生活配套，楼层低，采光较差，独立性不强影响现代人的个人生活等等，让村民住回去的可能性不大，仅以旅游、博物馆、乡村旅馆之用途又不需要那么多的老建筑。没有人常住的房子就容易破损，再一次维修又上哪搞钱？缺乏资金和长效保护机制，古村落的保护就没有保障。

有人说，保护古村落比保护故宫还难。但再难也要保护，因为古村落对当地而言，其文化价值、社会价值和当前不一定看得到的经济价值可类比故宫。目前，客家地区的古村落保护也有一些成效，保护起来的古村落成了当地客家文化的品牌，如赣南的白鹭古村、关西围屋群，闽西的培田古村、永定土楼，广东省内有梅州的侨溪村、花萼楼，河源的苏家围、林寨古村。这些村落在保护起来后，实现了社会效益、文化效益和经济效益的三丰收，特别是永定土楼，与福建其他土楼一起成为世界文化遗产，成为客家文化第一个具有世界影响力的品牌，其后当地旅游收入也实现了较大增长。

他山之石，可以攻玉。借鉴其他地方的古村落保护经验，结合龙川县的实际，我们进一步分析龙川古村落的保护方式与措施。

 龙川古村落保护现状

作为一个有着两千多年历史的古县,龙川的历史文物众多,之前文物保护的精力多放于历史较为悠久的文物的保护之上,对于古村落的保护起步较晚。目前,龙川县文化部门已经在全国第三次文物普查的基础上公布了龙川县不可移动文物名录,300处文物中大部分进入

破败不堪的围屋(颜朝兴/摄)

第十章 龙川古村的保护：路漫漫而修远

名录的古围屋、祠堂、古桥、书院、古井都在古村，其中有不少被列入龙川县级文物保护单位。列入各级非物质文化遗产名录的龙川非遗也多数在乡村。这些都为龙川古村落文化保护提供了基础保障。但是，古村落保护之难，仍是长期要面对的问题。

古村保护之难，难在产权关系复杂。20世纪50年代以后，大部分的围屋等古村建筑都以"地主大屋"的名义定性分给了各家各户，原本维护村落的宗族势力现在已经变得很微弱。要对一个围屋进行维修、开发所涉及的利益方较多，有的关系特别复杂，这给古村建筑的保护与开发带来了很大的难题。

难在资金来源少。政府虽每年都有文物保护资金，但龙川本来文物就多，现在几乎处于"僧多粥少"的境地，如不能拓宽保护资金的来源渠道，古村保护就可能成为一句空话。

难在技术指导缺乏。龙川距省城较远，高校与研究机构，特别是与古村保护相关的研究机构与人员到此地指导相对较少，文化保护的方法与技术指导缺乏。

难在全民文化保护意识弱。近年来"客家古邑"文化建设与宣传虽在很大程度上唤醒了民众的文化保护意识，但在村落居民中，对文物、文化的保护意识仍很淡薄，对古建随意拆建的事情常有发生。

系统的文化传承：龙川古村落保护路径

如前所述，一个古村即是一个完整的文化系统，古村落的保护，就是将这个村落的文化系统进行传承。

冯骥才建议，文化的事要按照文化的规律办，应尽量降低盲目城市化、无序开发给古村落及古村落文化造成的负面影响。建议通过四种形式加强对我国古村落的保护：第一是分区形式，保持原有古村落不变，在旁边建设村民居住生活的新区，保留古村落的原汁原味；第二是民居博物馆形式，把分散的经典建筑和文化要素向一处集中，以集聚效应加强保护；第三为景观形式，在保留古村落架构的基础上，进行适当加固、整修或开发，部分可用作旅游资源；第四是原生态形式，彻底保持当地的原生态生活。

江西师大历史系教授梁洪生认为，新旧观念差异是对古村保护造成压力的原因之一。老建筑需要原样保护，但由于老建筑本身的限制，很难添置现代化的生活设施，村民生活条件难以改善。正如楼庆西所担心的，"他们通过电视、网络和外出打工，了解到现代生活应该是白瓷砖、水泥地和沙发。考虑到通风，他们会把精美的窗花去掉；考虑到美观，他们会把木墙拆除；考虑到更好地改善居住条件，他们会把整个房子拆掉重建……"，"不能用城里人的眼光去看乡村。古村村民如果不能享受先进科技带来的现代化生活，是没法真心保护村落的。"

中国文联主席团委员罗杨建议："可以在不改变原有风貌的前提

第十章 龙川古村的保护：路漫漫而修远

下，让村民更多地享受现代文明。比如在古村建先进的医疗教育基础设施、改善厕所、畅通网络等，对解决当前古村'空心化'、留住原住民将起到积极作用。"万建中提出了一个看似激进的办法："请政府按人头建立补贴机制，给村民发工资。若要更好地保护和传承古村落，就要让居住在古村落的村民衣食无忧。因为这些村民不仅是生活在这些村落里，他们也在工作着，他们是以生活的方式保护着古村落。"

对于保护的模式，客家地区就有经验可循，主要有旅游开发模式、文物保护申报模式、博物馆模式和宗族维修模式。

一、旅游开发型：苏家围

苏家围位于河源市东源县义合镇苏围村，东江与久社河在此汇合。村中十八栋明清建筑就隐在江河边的竹林中。苏家围人均姓苏，据传其先祖为宋代大文豪苏轼的第十一世孙苏天荣。开村之后，历

苏家围（吴良生／摄）

经数百年繁衍，清代中期时人文兴起，中功名者甚多，道光年间的一次科举考试中，河源县24名秀才中就有12名为苏围人，占了总数的一半，于是人称苏半县。然而时过境迁，改革开放20年，苏家围仍然是贫困村，老房子也慢慢处于破败的境地。保存着良好人文生态和自然生态的苏家围于2001年开始由市旅游局牵头开发旅游，后有广晟集团、运恒集团等公司负责经营。几年时间，苏家围成为了中国首批农业旅游示范点、广东省旅游扶贫示范单位、广东最美古村落，村民也顺利脱贫奔小康。村中明清建筑得到了良好的保护，民俗活动如舞龙、婚俗、祭祖等被开发出来，地方特色饮食、土特产也受到游人的欢迎。苏家围成为了河源客家古村保护的典型案例。因为之前苏家围并不是文物保护单位，民俗中也没有成为非物质文化遗产的，如果不是旅游开发，很可能村中的部分建筑已经被村民推倒建了新房，而不通过旅游，村民也难以认识自己的民俗文化的意义和重要作用。

二、文物保护单位型：关西新围

关西新围位于江西省龙南县关西镇，于清代中期由村民徐老四建立。关西围是一座典型的"国字形"围屋，规模宏大、防御坚固，里面建筑功能齐全，宽敞明亮，旁边还有花园——"小花洲"和书院等。在当地政府、文博专家和文化学者的努力下，关西新围于2001年成为了国家第五批重点文物保护单位。受到国家文物局的资金支持，当地文物专家也提供了技术上的保障。现在以关西新围为代表的"赣南围屋"正在申请世界文化遗产，已经于2012年被列入世界文化遗产候选名录。

三、博物馆型：深圳鹤湖新居

鹤湖新居位于深圳市龙岗区龙岗街道罗瑞合社区，距市区28公里。鹤湖新居规模宏大，气势磅礴，占地2.5万平方米，是全国最大的客家围屋之一，落成于清嘉庆二十二年（1817年），至今已有近

第十章 龙川古村的保护：路漫漫而修远

200年的历史。

改革开放以后，围屋里的罗氏家族走出围屋谋生于深圳、广州、香港等地，至1996年前，围屋内已是鲜有住户，房屋倒塌严重，杂草丛生，处处残垣断壁，170余年的辉煌也面临轰然倒塌的险境。1996年12月，鹤湖新居被原龙岗镇政府辟为客家民俗博物馆，并下拨5个事业编制，隶属龙岗街道办宣传部管理，享受国家财政拨款，自此鹤湖新居得到了一定的保护。至2002年被列入广东省省级文物保护单位，鹤湖新居几乎未有新的破坏。近年来，龙岗客家民俗博物馆借助大运东风，积极做好建筑修缮、环境整治、物业托管、研究教育等工作，同时积极争取文物修缮立项，2009年3月获得区发改委立项批

鹤湖新居（吴良生／摄）

复，总概算为2000多万元，开始大规模修缮。博物馆在保护围屋建筑的同时还致力于研究、展示客家文化，至今已经成为深圳市知名景点之一，是宣传客家文化、深圳文化的重要窗口。

相对而言，2002年同期列入省级文保单位的横岗何氏茂盛世居、坪山曾氏大万世居、坑梓黄氏龙田世居却没那么幸运。虽然是省级文保单位，文物主管部门也在围屋里设置工作站，派遣3名常驻工作人员，然而经过对比可以发现，其与鹤湖新居取得的保护效果可谓是天壤之别。

不难发现，鹤湖新居被辟为设立龙岗客家民俗博物馆后，古建保护取得多方面的优势。首先，在人员编制和财政拨款方面都获得了更大的支持；此外，辟为博物馆，日常维护得到加强，往来参观的游客给予古围新的生气；最重要的是开发利用赋予了古建新的价值，地方政府将其作为深圳知名景点、客家文化及深圳文化的宣传窗口、传统文化教育基地来打造，在保护古建的同时取得社会、经济等多方面的效益，实现了良性循环。

由此可见，在古建的基础上建立博物馆加以运作，不失为保护古建的新型路径。

仙坑四角楼（田源／摄）

四、宗族保护型：康禾八角楼、四角楼

东源县康禾八角楼、四角楼是清代中期的防御性很强的客家围屋建筑，为仙坑村叶氏家族所有。近些年来，富裕之后的村民逐渐迁出了围屋，两座古老的建筑有破败的迹象。叶氏宗族为了保护好这座古建筑，开始发动族内宗亲的力量，组织进行日常的维护。2011年，宗族理事会通过招商引资，邀请相关公司准备进行古村旅游开发，并邀请了客家研究、旅游学的专家学者前来进行保护性的旅游规划编制工作。虽后来由于种种原因未能开展旅游，然而，宗族内部的文化保护意识却因此强烈起来。

各种模式之间并不是绝对的，通常都是以一种为主，带动其他几种模式共同作用。如苏家围旅游开发以后，立即启动了广东古村落和省级文物保护单位的申请工作，苏氏宗族也在保护村落文化的过程中发挥了非常重要的作用。遗憾的是，这些模式中，大多还是将精力放在文物，即古建筑的保护上面，而对于非物质文化遗产则投入太少甚至被忽视了。

由于古村落保护的方法讨论的已经很多，就笔者的经验下面从申报、旅游开发和社会力量参与三个方面为主要切入点探讨龙川古村落保护的问题。

龙川古村落保护：在更大文化区域下的申遗之可能

古村落保护涉及方方面面，没有政府的主导是不可能完成的。因此，政府的政策引导最为重要。除了现有的文化保护法律、法规的落实之外，资金投入尤为重要。佗城的保护证明，在政府的主导下，积极筹集各方面资金，特别是在现有体制下，申报相关的文物保护单位、古村落和非物质文化遗产等项目资金是欠发达地区古村保护最重要的路径。

以客家围屋申报文物保护单位，甚至申报世界文化遗产是今后政府需要考虑的事情。有人可能认为龙川的围屋条件是不足以申报世界文化遗产的，但是，以河源或东江流域甚至联合梅州、赣南作为一个客家围屋分布的整体来申报则是有可能的。

在注重文化资源运作的今天，申报世界文化遗产项目（以下简称申遗）是各地极其看重的一件事情。2007年，广东省开平碉楼成为广东省第一个世界文化遗产项目，2008年，福建土楼也申遗成功，其中土楼以闽西客家地区居多，这两个项目的申遗都在触动着关心河源文化发展的人的内心。最近，赣南围屋也列入了中国申遗预备名单，有些人又被刺激起来了。然而，不少人至今仍觉得申遗这事对河源人来说是件几乎不可能的事。申遗，河源能不？

一、客家申遗路：河源几乎在缺席

赣南、闽西、粤东、粤北这几个相连的地区是客家人世代居住的主要区域，被称为客家大本营。这个地区保存了最为完整的客家传统文化。其中最入世人眼的就是客家民居建筑。

客家民居建筑主要有土楼、围屋、围龙屋等几种典型代表。土楼，以闽西最多，又以龙岩市永定县和漳州市南靖县最为集中，主墙体基本为夯土；围屋有四角楼、八角楼等多种形制，主墙多用石块和青砖，基本分布在赣南与东江流域；而围龙屋建筑主体为半圆形，后面有弧形围龙，分布以梅州地区为多，河源、赣南均有分布。

客家地区在传统时代并不以行政划分而割裂开来，在社会、经济和文化上均有非常强的互通性，大本营区域内的建筑也有很强的内在联系。20世纪80年代以来，文化品牌成为各地经营的一种资本，土楼、围屋、围龙屋等分别被当地包装推广出来。在对建筑文化资源的保护与运作中，申报各级文物保护单位、古村落甚至是世界文化遗产就成了一种普遍的方式。

据赣南围屋申遗的主要参与者之一、赣州市文物局原局长、文物保护专家韩振飞研究员介绍：早在20世纪90年代，赣州、龙岩和梅州曾就客家土楼、围屋、围龙屋联合申遗一事进行过商讨，但最终因种种原因而搁置下来。20世纪90年代末，永定土楼开始单干，随后又在相关专家的指导下整合了福建其他地区的土楼，以"福建土楼"为项目名开始申遗。经过多年的艰苦申报，"福建土楼"于2008年被正式列入世界文化遗产名录。而此时，赣州、梅州的申报工作一停再停，未有实质进展。近几年，赣州把当地围屋申遗的工作摆在了重要的位置，经过努力，于2012年成功入选中国申遗预备名单。一些梅州文化人士于是又重新反思围龙屋的申遗之路，事实上，他们也曾打过报告，并得到了相关领导的批示，可最后还是无果而终。

同处客家大本营的河源民居样式多元，不但有本地特色的府第式建筑，还有数量较多的围屋与围龙屋，其中有多处建筑的历史价值、文化价值和建筑价值得到了专家们的认可。相比客家地区的兄弟市来说，河源在申遗方面一直比较沉默，记者采访河源市文广新局相关

工作人员的回应也是"暂时没有这个（申遗）打算，条件也不是很成熟。"申遗是一个系统的工作，需要多方努力，特别是政府的方向性政策。

二、民居保护：河源也在努力

虽未高调提过申遗，但河源近些年来对传统民居的保护是一直在努力的。据河源市文广新局相关负责人介绍，2010年第23届世客会前，河源市、龙川县投入3000多万元对佗城进行了整治维修；河源市、和平县政府先后投入2500万元对林寨镇兴井村的古村建筑群进行了修缮；省保单位阮啸仙故居也多方争取资金300万元修缮完毕，成为省爱国主义教育基地。自2011年始，每年市、县（区）财政的文化事业经费支出占财政总支出的比例在1%以上；市县设立文化遗产专项保护资金，其中，河源市每年安排400万元；积极争取国家、省有关部门的资金和政策支持，重点做好文化遗产的保护和传承工作。

在政府的引导下，民间文物保护的意识也在强化。自从市委提出了"客家古邑　万绿河源"的城市形象定位后，保护不可移动文物的社会氛围正在全市范围逐步形成，不少地方农村文化遗存的保护工作场面感人。如龙川县佗城骆家祠堂、东源县康禾仙坑村四角楼在热心人士牵头下，分别由民间集资130万元和30多万元，于2006年和2005年进行了修缮；和平县热水镇兴隆围龙屋由村民自发集资于2005年按照修旧如旧的原则进行保护维修，修复了祖堂及门口水塘和祖堂左侧倒塌的围屋六间。

为了做到有法可依，2011年5月13日，在河源市文物管理委员会工作会议上，原则上通过了《河源市古建筑保护暂行办法》，现正在咨询法律责任方面的律师意见。这一办法标志着河源市的古民居保护将进入一个法制建设的进程。

但是，由于河源是个年轻的地级市，相关文化研究相比周边兄弟市处于一个较为落后的局面。对于围屋、围龙屋等本地特色建筑的研

第十章 龙川古村的保护：路漫漫而修远

究成果十分缺乏，目前尚未有过详细的围龙屋统计数据。而赣南围屋统计早已经完成，还对数十座重点保护的围屋进行了详细的建筑测量，其中有两座围屋已经列入国家文化保护单位。

三、围屋申遗：河源有必要吗

河源客家建筑类型多样，仅以围屋来说，虽然现在没有一个完整的统计数据，但据文物普查的资料来看，统计内的1876处古建筑大多数是围屋，仅龙川一县被列入不可移动文物名录的围屋就有上百座，其中黄岭一村的围屋就有20座以上，全市围屋整体数量远超过赣南。在围屋主要分布的赣南和东江流域，河源无疑是围屋的中心区。2012年，赣南围屋抛开东江流域，特别是河源而独立去"申遗"，虽被列入中国申遗预备名单，但有学者表示这并不是个最好的选择。

四、从资源条件看，赣南围屋能申遗，河源也能

各地乐此不疲地申遗，确实说明申遗的诱惑力。首先是文化品牌的树立为当地旅游开发等经济行为带来巨大利益，之前申遗成功的平遥古城、开平碉楼、福建土楼等均有这方面的收益，这种示范让各地有条件的政府几乎无法拒绝这申遗的第一大诱惑。第二是申遗确实能给文物保护带来很大的便利。有人会提到列入世界文化遗产名录的武当山不是照样没保护好，部分建筑毁于火灾吗？但换一种思维看，如果不是世界文化遗产，这火灾的事都不会被重视起来，可能还会有更多的损失。此外，申遗成功对当地百姓的文化自觉、自信的提升也是有很大的作用的。

然而，申遗并不是"免费的午餐"，其过程所发生的费用会超出很多人的想象。前两年对于穷县花上亿资金申遗的事就有过激烈的讨论。以土楼为例，漳州南靖县为申遗投入的前期保护资金就超过了4亿元。虽然说这钱花在文物保护上也不算冤枉，但这让当地财政失衡的做法是否可取目前仍然是有争议的。

而且申遗的成功机会并不是肯定的,目前中国预备名单就有45家,而且今后还将不断增加。赣南围屋申遗有关负责人告诉记者:赣南申遗的成功概率不算大,重要的是通过申遗这件事来增强赣南围屋的保护工作,同时这也是文化品牌运作的一种策略。

龙川古村落围屋建筑的保护,可从河源全市整体出发,先列出重点申报省、国家级重点文物保护单位,然后向世界文化遗产进军。如前所述,是否能成为世界文化遗产不是最重要的目的,通过这一系列的申报争取资金投入到古村保护,同时唤起全民保护客家古村落的意识才是真正目标所在。因为有围屋这种古建筑载体在,非物质文化遗产也才更具存在的空间。这也是现行体制下现阶段所能做到的对古村落最整体全面的,最具带动作用的措施。

需要注意的是,政府主导古村落保护,主导力量是政府,但技术方面的主要力量并非来自于政府主管部门,而是邀请相关专家为古村落指导。日本、韩国的每一个古建筑和非物质文化遗产,背后都有一群学者在做研究和保护工作,但我国80%的文化遗产保护背后没有学者专家。因而,龙川要在古村落保护上有自己的突破,专家的深度参与就成为必须。

第十章　龙川古村的保护：路漫漫而修远

产业兴村：龙川古村新希望

三十年以来，龙川古村落最大的冲击来自于全球化大背景下的经济开发浪潮。由于现代化来的过于迅速，传统农村产业与现代化对应很不相符，加上"文革"期间的破坏，古村落的文化冲击巨大：不少村落几年之间围屋被拆，农村劳动力流失，各项文化活动也因缺乏人员参加而沉寂下去直到消失。要实现真正的古村落复兴，保护古村落文化，就应从村落内部衍生新兴产业，依据古村现有的条件发展旅游业和现代农业可作为其中最重要的参考模式。

一、旅游开发

随着中国旅游业的兴起，20世纪80年代末，一些客家古村落被旅游业者发现，客家古村开始了自发式的旅游开发。到21世纪，一批旅游发展相对成熟的客家古村已经引领着客家文化旅游的步伐，如河源苏家围、大埔花萼楼、永定土楼、连城培田古村、赣县白鹭古村等。龙川旅游虽起步较早，但发展较为缓慢，古村资源根本没有纳入旅游中去。当下旅游环境中，龙川古村旅游路在何方？我们试做SWOT（态势分析法），分析如下：

优势：龙川作为有着2000多年历史的古县，文化发展优势明显。特别是近年来，在河源整体打造"客家古邑"文化的大背景下，龙川以古邑文化领头羊的姿态在文化保护、宣传上做了大量的工作。千年古县城——佗城的修复，"客家古邑"学术研讨会的召开，相关研

龙川古村
LONGCHUAN GUCUN

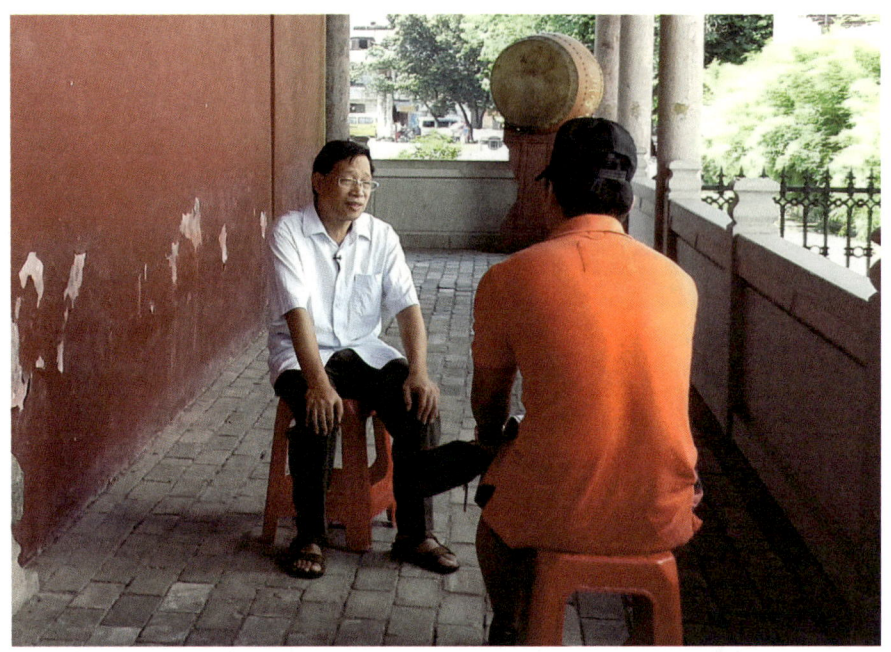

越来越多的学者和媒体将眼光放在龙川（吴良生／摄）

究成果的出版，中央电视台、凤凰卫视及省市电视台频频走进龙川，宣传龙川文化。与此同时，龙川县邑人文化自觉和文化自豪感不断增强，全县的客家文化氛围日益深厚。加上龙川本来旅游资源就很丰富，粤东名山——霍山享誉省内外，温泉数量较多，质量上乘。只要整合开发，市场运作得当，龙川旅游发展的前景非常好。龙川古村在这样的文化氛围与旅游资源环境下，较为容易受到市场的接受。

劣势：龙川古村缺乏保护基础，目前各村落的古建筑与非物质文化遗产保护状况堪忧，古建之间的新房子太多，整治相对困难。之前又没有旅游开发基础，古村名气普遍不够响亮。

机会：各级政府文化、旅游部门对龙川古村的文化保护与旅游开发越来越重视，随着新一轮的城镇化推进，龙川古村的旅游开发机会已经成熟。虽之前没有开发基础，却享有后发优势。

第十章 龙川古村的保护:路漫漫而修远

威胁:客家古村数量较多,深圳龙岗的鹤湖新居、惠州香溪堡、东源苏家围等已经开发的古村对龙川古村旅游的市场竞争威胁较大。古村内不断建起的新房对古村整体旅游环境的破坏每年都在发生。

基于以上SWOT分析,笔者认为龙川古村旅游开发策略主要可以考虑以下几点:

一是扣紧中央苏区县相关政策,促进文化旅游大发展。在旅游项目开发上包括文化保护、文化产业、生态林改造、中小河流治理、生态农业等均尽量与中央苏区县的政策对接,以争取资金、政策、宣传等各方面的扶持。

二是重点开发,以古村文化基础较好、区位优势明显的黄岭村作为试点,对其进行重点开发。由于河源区域内已经有苏家围、林寨两个古村开发,黄岭的文化旅游定位要突出自己的特色——着重表现"客家耕读文化经典传承地"。

三是开发要以现有条件为基础,以综合发展沿线古村经济、文化、生态为出发点,突围出旅游来看旅游,以产业为核心,使古村旅游成为当地产业品牌推广的最重要的渠道。如可策划客家黄酒文化节、乡村圩市、天工开物农耕园、开心农场和特产品牌项目均与农业产业结合,以推广当地农业产品。

四是在客家文化生态保护区的大框架下,建立龙川客家文化生态保护重点试验区,并与旅游结合起来,做"真"民俗旅游,活化乡村文化。旅游实质上还是求真、求美的过程。比如我们做的婚俗表演就应该是真实的婚俗,针对目前中国旅游市场婚俗泛滥失真的情况,不建议做拉游客做新郎与当地客家女结婚的表演项目,而是每年向客家地区乃至全国征集愿意在黄岭等古村举办传统客家婚礼的夫妻,免费为其操办完整的客家传统婚礼的仪式。同时盛邀各地游客来参加婚礼,每位参加的游客交纳一份彩礼作为费用,请八音乐队、鞭炮、乡村传统婚宴、婚礼摄影等经费均从此出。这样不但把游客当成了真正的旅游主体,与当地文化真正融合,也解决了民俗的真实性的问题。

　　五是强调与高校和其他社会团体的结合，打造各围屋旅游点发展的长效机制。如黄岭选择一个较大的围定位为"艺术之围"，与广州美术学院等单位合作，在此成立"客家艺术研究院"，将围内房间改成画室，周边村民的瓦房可改成学员宿舍，每年定期向两岸客家地区征集客家题材的艺术作品，在围内进行展出。每年举办春秋两季客家艺术品展卖会，活跃客家地区艺术品市场。又如恢复村中的书院，与河源职业技术学院客家文化学院合作，可开办海峡两岸客家文化研习营、传统文化课堂等活动，邀请知名学者前来讲学。平时可开展关爱留守孩童活动，与国内知名的慈善机构和河源职业技术学院合作，周末时间将当地留守孩童集中到书屋及周边活动，打造全国关爱留守孩童的示范点。与高校和其他社会团体的合作，能在很大程度上解决旅游长期发展的问题，而且也更容易获得各种媒体的支持，从而更容易打造旅游品牌。

　　六是特别强调文化产品的开发与营销，改变之前过于静态的观光旅游形式。旅游目的地的特色除了短期内无法营造的良好的自然环境与物质类的文化遗产外，最能彰显的就是文化活动。但当下中国各地旅游活动多与当地文脉断开，引进别人做成功的案例进来，缺乏生命力，不利于打造特色旅游品牌，实现长期的经济效益、社会效益和文化效益。另有不少打着文化旅游旗号的活动本身对当地文化资源就是一种破坏，如低俗的婚俗表演、缺乏当地百姓参与的文化节目，其名义为文化、为市场，实则是在破坏文化和品牌。

第十章　龙川古村的保护：路漫漫而修远

 民间力量：古村保护未来的重要参与者

我国民间组织近年来发展迅速，民间组织成为解决社会问题、文化问题的越来越重要的力量。与龙川古村落相关的民间组织包括本地各村的宗族理事会，河源市文博协会，以网络为平台的文物、文化保护爱好者组织等。

龙川细坳镇小参村的宗族理事会曾就维修维兴楼和村道、村庙等建筑进行了卓有成效的工作。

河源市于2012年成立了文博协会，结束了广东21个地级市中只有河源没有文博协会的历史，河源市文博协会也成为省内21个文博协会唯一没有官方参与的民间文博组织。河源市文博协会与华南理工大学、赣南师范学院、嘉应学院、河源职业技术学院等高校合作，积极为古村落提供维修方面的技术指导，也是龙川古村保护中可期待的参与力量。

网络平台集中了不少民间文化爱好者，他们在古村、古建、非物质文化遗产的调查方面都可提供线索，也在积极宣传古村保护工作，并在日常生活中参与监控破坏古村的行为。

后记

　　我与龙川的缘分来自于"客家古邑"文化体系的建设。2008年夏天，在我的联系下，一名龙川人、已故的前河源市委宣传部副部长邬观林先生率团访问我原单位——赣南师范学院客家研究中心，开启了我对龙川客家文化的研究之路。后来结识了蓝智慧、吴潇峰、魏庆平、巫展涛等龙川县委宣传部的伙伴们，与龙川文化之缘越结越深。直到我进入华南理工大学客家文化研究所，师从谭元亨教授攻读博士学位，接受了"客家研究文丛·龙川历史文化书系"的任务，跑龙川便成了我工作和生活的一部分。

　　这三年多来，我和我的老师、同学、朋友、学生们多次深入龙川，跑遍了所有的乡镇，为的是在绿色龙川中寻访人文的印迹。然而，所写《龙川古村》一书自己并不是特别满意，总希望能再深入和丰富，无奈时间到，要交作业，只好把这愿望留到以后，继续深化。也希望读者们原谅当中的不足并予以指出，以备日后再写龙川时得到更正。

　　能完成此书，首先感谢我的导师谭元亨教授的指导，感谢龙川县委宣传部领导和工作人员的协助。本书部分古建筑内容引自龙川县第三次全国文物普查资料，本书图片除标明摄影者外，均由龙川县委宣传部提供。同时，也感谢陪伴我走龙川的小伙伴们：我的同门敖叶湘琼、郑紫苑、刘国钰、周珊，我的研究生同学刘凯华，朋友梁山109、《河源乡情报》记者星海，河源户外运动协会的八哥，学生廖世荣、颜朝兴、连邦有、黄志鑫。特别感谢家人的支持、爱人的理解和关心。

　　相信我的龙川客家文化情缘将会一直延续下去，因为我已经爱上龙川！